JN170945

子供の命を守る泳力を保証する

先生と親の万能型水泳指導プログラム

鈴木智光

刊行によせて——鈴木智光氏の『水泳指導』を読んで

TOSS体育授業研究会代表　根本正雄

鈴木智光先生の『水泳指導』を読む。実践に裏付けられた優れた内容である。特に授業編は具体的な授業についての内容で、すぐに追試ができるようになっている。

Ⅰ　特に万能型プログラムの3つのポイントは優れている。

①浮沈力をつけること

②下半身を脱力し手のかきに合わせて呼吸する

③泳ぎ込む時間を確保する

以上のポイントに基づいた万能型プログラムの授業実践を行い、具体的にどのように子どもの能力が伸びたのかが、数値で実証されている。

Ⅱ　呼吸力の習得を縦糸にした指導ステップは素晴らしい。

①スモールステップで1～13の段階が示されている。

②写真、イラストで手順と方法が示されている。

③留意点が分かりやすく説明されている。

④「ちょうちょう背泳ぎが困難な子」の指導が示されているので、指導がしやすい。

Ⅲ　場づくり、発問、指示が示されているので、そのまま追試ができる。

①入水までの手順・方法が細かに示されている。初めて水泳指導する教師がすぐに指導できるようになっている。

②だるま浮きの指導がスモールステップで、イラストで示されていて分かりやすい。

③毎時間の活動の様子が学習カードで記録できるようになっている。学習の目的、カルテ・問診票、テクニカルポイントの理解をするために有効である。

Ⅳ　追試の方法が書かれている。これは、画期的なことである。実践の手順・方法は示してある。しかし、鈴木氏は追試の手順と方法、留意点を書かれている。特に追試がうまくいかない原因と対策が書かれているのは、今までの実践にない内容である。

ここに示された内容を理解して行えば、追試も成功する。実践者にきめ細かなポイントを示すことによって、誰でも指導できるようになっている。

Ⅴ　今までにない、新しい「浮沈力」という新しい提案をされている。

本書は授業だけでなく、新しい「浮沈力」という理論を提案している。画期的なことである。実践の中から新しい理論を発見し、実践の正しさを証明している。理論の裏付けによって、実践の正しさが理解できる。

これも、鈴木氏のたゆまぬ長年の研究の成果である。多くの皆さんに本書を読んでいただき、泳げない子どもがいないようにしてほしい。

はじめに——泳げない子をなくす、溺れる子をなくす

日本の小学校から泳げない子をなくす、水難事故で溺れる子をなくす、これが本書に込めた私の夢です。

東日本大震災以降「命を守る教育」の重要性が再認識されています。

水泳も「命を守る教育」の一つのはずです。少なくとも小学校卒業までには水難事故に遭ったときに自分の命を守ることのできる知識と技能を身に付けてやりたいものです。

しかし現実はどうでしょう。25mすら泳げない子が少なからずいます。中には「自分に水泳は無理」と自己否定に陥り、仮病をつかって“プールから逃避する子”がいたりします。全国のほとんどの小学校には高学年になるとこうした子が見られるはずです。そして泳げるようになることも命を守る力をつけることもなく小学校を卒業していくのです。

小学校の授業の中で全員を泳げるようにすることは無理なのでしょうか。スイミングスクールに頼らないと無理なのでしょうか。

仮に25mの泳力をつけることができたとしましょう。果たして25mの泳力で本当に命を守ることができるのでしょうか。

泳げるとは一体どういうことなのでしょうか。

私は小学校教師になって36年間、教え子には自分が味わった泳げない悔しさを味わわせたくないという思いで水泳指導に携わってきました。泳げる子を見ては「なぜ泳げるのだろう？」「なぜ息継ぎができるのだろう？」「なぜ呼吸が苦しくないのだろう？」という思いで観察してきました。

そして、泳げるようになることだけを目指すと泳げるようにはならないが、命を守る水泳を目指すと短期間で何百mも泳げるようになるという確信を持つに至りました。

1 向山式跳び箱指導法

教師になった最初の頃は「水泳指導は練習量だ。どんな子でも毎日無理やりにでも1000m練習させれば1週間で25mは泳げるようになるはずだ。アップアップしながらでも水につかってさえいれば、それだけで泳力が付くはずだ」と考えていました。指導といってもただただ泳がせるだけでした。

転機は向山洋一氏が考案した向山式跳び箱指導法との出会いでした。

半信半疑で向山式跳び箱指導法を追試してみました。すると跳べなかった8人の子全員がたった10分で跳べるようになったのです。衝撃でした。

向山氏は「跳び箱を跳ばせる原理がある」と述べています。

跳び箱を跳ばせるためには、腕を支点とした体重移動を体感させればいいのである。
『授業の腕をあげる法則』（明治図書）より引用

それならば水泳にも泳げるようになるための何らかの原理・原則があるはずだ、と思うようになったのです。

2 鈴木勘三式背浮き指導法

偶然、その年に鈴木勘三氏のちょうちょう背泳ぎに出会いました。『だれでも泳げるようになる水泳指導』（黎明書房）です。

1986年、29歳のとき、ちょうちょう背泳ぎを5年生54人に追試し、その

効果の大きさに驚嘆しました。ちょうちょう背泳ぎでは瞬く間に数十m、数百m、1000m以上と泳力が伸びていくのです。1週間もかかりませんでした。

それだけではありません。ちょうちょう背泳ぎで1000mを泳げるようになった子は平泳ぎでもクロールでも同じように1000mを泳ぐようになったのです、しかも数日で。

このとき、水泳にも原理・原則があることを確信しました。

背面で泳げるようになると逆向き姿勢の平泳ぎやクロールでも同じように泳げるようになる、それは呼吸力（酸素摂取能力）が高められるからであろう、という仮説のもと実践を重ねていきました。

3 浮沈力と万能型プログラム

それから約30年、泳げない子の指導を続けるうちに、ようやく原理・原則を示すことができるようになりました。

その核となるのが**浮沈力**です。浮沈力とは字の如く

> 浮いたり沈んだりしながら呼吸を続ける力

です。

水の中で呼吸を続ける力こそが**浮沈力**です。

浮沈力を根幹にして構成した授業が「万能型プログラム」です。

原理・原則で指導すると日毎に子供の泳力は伸びていきました。

子供は何百mも泳げるのが普通なのだと、実感するようになりました。

子供が25mや50mしか泳げないのは、わざわざもがかすような指導をしているからであり、伸びをじゃますするような指導をしているからである、と

実感するようになりました。

私は水泳は「呼吸に始まり呼吸に終わる」と考えています。25mを泳げない子は浮くことができないから25mを進めないのではありません。呼吸が苦しくなるからです。不意に落水して命を守れないのも原因のほとんどが呼吸ができないからです。呼吸を続ける力があれば泳ぐことができ、命を守ることもできるのです。

本書を読んだ先生方の授業で、子供たちが水と親しむ喜びを知り、スイスイと泳ぐ喜びを知り、水の中を自由に動き回る心地よさを知り、「命を守る」ための知識・技能を身に付けることができたなら、これにまさる喜びはありません。

目次

授業編

この章では、命を守り3日目に数百mの泳力を保証する万能型プログラムの授業を紹介する。

1 3日目に数百mを泳いだ

❶ 今まであんなに泳げなかったのは何だったんだろう

2010年夏、小学6年生K子さんを指導した。大変まじめな努力家タイプの子だった。まずは彼女の作文をご覧いただきたい。

私は、この6年間、一度も25メートルを泳げたことがありませんでした。毎年夏休みに母といっしょにプールに行って教えてもらいますが、今年の学校のプールの授業でも、8メートルくらいしか泳げませんでした。4年生くらいの時は、まだくやしかったけれど、今ではあまりくやしいとも感じず、「みんな、なんで泳げるんだろう……」とか「スイミングスクールに行ってない人で泳げる人っていないんじゃないか……」と思っていました。そんな時に、クラスに鈴木先生が何度かいらっしゃって、水泳のアドバイスをしてくださいました。(夏休み直前の) 3連休の前の日には「まだ25メートル泳げない人は、この3連休の間に指導します。希望する人は今日中に言ってください」とおっしゃいました。私は「本当に泳げるようになるのかな」と思い、迷いました。でも、「これで泳げるようになれるんだったらがんばってみようかな」と思い、先生に言いに行きました。私は3連休のうち2日練習しました。2日とも、平泳ぎの練習をしました。

(次頁へつづく)

6年間一度も25mを泳いだことがなかったK子さんだが右のグラフのように1日目35m、2日目350mを泳いだのである。腰にはヘルパーを着用。泳法は平泳ぎ。ただしスイスイ泳ぐようなイメージではない。プカプカ浮いたり沈んだりを繰り返すようなイメージであり、折り返しでは足がついてしまうこともあった。いわゆる完成した平泳ぎではなく、その前段階の「初歩的な泳ぎ」であった。

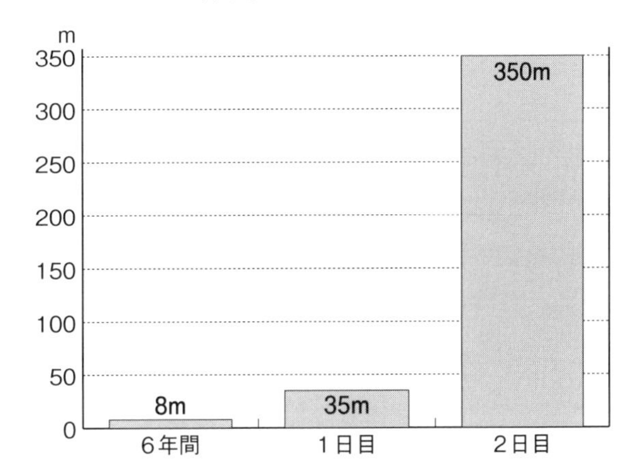

（つづき）
　1日目は足を使わずに、うでだけを動かして練習しました。水の中をもぐって行くような感じで泳ぐとか、息つぎは、息を全部はき出すようにして行うなど詳しく教えてくださり、その日は35メートル泳げるようになりました。おどろきました。
　私はその帰り道自分でも信じられない気持ちでした。そして、「今まであんなに泳げなかったのは何だったんだろう」と思ってしまいました。

　2日目は、1日目にしたことを思い出しながら泳ぎました。何回か往復したあと、休けいして、先生が「何メートル泳げるか記録に挑戦しよう」とおっしゃいました。1日目の後、腰が痛かったので今日はどうかなぁと思ったけど何回か足をつくことがあったけど全部で350メートル泳げました。1日目よりも、もっとびっくりしました。
　家に帰りながら母が「すごーい！」と連発してほめてくれました。350メートルって自分でも信じられないけど、それくらい泳げるようになれてうれしかったです。この夏休み、プールにつれていってもらって、もっと練習して、もっと泳げるようになろうと思います。

１日目の練習。手前がＫ子さん

Ｋ子さんはプールの授業をまじめに受けていた。お母さんも協力していた。それなのに「この6年間、一度も25mを泳げたことがありません」と言うのである。これはどこに原因があるのだろうか。残念ながら「自分の指導が悪い」と思う教師はほとんどいない。「一生懸命指導したのだけど、やっぱり泳げなかった」「学校の授業では時間が足りないからよ」で済まされているのである。

❷泳げなかったらどうしようという不安が、いつの間にか頭から消えていました

2014年7月13日（日）、14日（月）、私は5、6年生の希望者対象に「特別水泳教室」を行った。泳げない子はもちろん、もっと泳力を伸ばしたいと願う子23名が参加してきた。その中に6年生中川愛理さんがいた。

6年での水泳授業開始時、中川愛理さんの泳力は15mだった。全5回（1回90分）の授業を終えたとき、ヘルパーを付けてクロール300mまで伸びていた。が、それは脱力した楽な泳ぎではなかった。本人も自信を持つまでには至っていなかった。

2日間の特別水泳教室を終えた彼女の感想

である。

> 最初、鈴木先生が200mは泳げるようになると言っていたけど、絶対無理と思っていました。だけど200mをはるかにこえる600m以上をクロールで泳ぐことができました。小学校最後の水泳だったのですごくうれしかったです。中学校で泳げなかったらどうしようという不安が、いつの間にか頭から消えていました。
>
> 連続だるま浮きのサバイバルはやるたびに上手くできるようになりました。クロールは最初ゆったりと泳ぐことができなかったけれどだんだん楽に泳ぐことができました。また母が参観日みたいに見に来てくれたのでいい所を見せることができ６年生の思い出になりました。

水泳はリズミカルな運動である。**緊張と脱力を繰り返す運動**である。必要以上に緊張しているとリズミカルな運動はできない。これは「脱力が不十分」な状態を意味する。

彼女は２日間で脱力をマスターしたのである。疲れを知らないリズミカルな泳ぎであった。制限時間いっぱい泳ぎ、その距離も625mであった。この日参観に来ていた中川さんの母親は我が子の泳ぎを見て涙ぐんでいた。

❸全然しんどくなかった。歩きよるみたいな感じやったよ

愛媛県伊予郡松前小学校。この学校は伝統的に、水泳指導に非常に熱心な学校である。授業のみならず夏休みに入るとすぐに全教師の指導のもと、泳げない子の水泳教室を３日間行う。その名も「初心者水泳教室」。対象は4年生以上。しかし６年生の参加はほとんどない。「初心者水泳教室」の成果で4年生、5年生までにほぼ全員が泳げるようになるからである。

松前小5年生「初心者水泳教室」3日後の泳力（2005年）

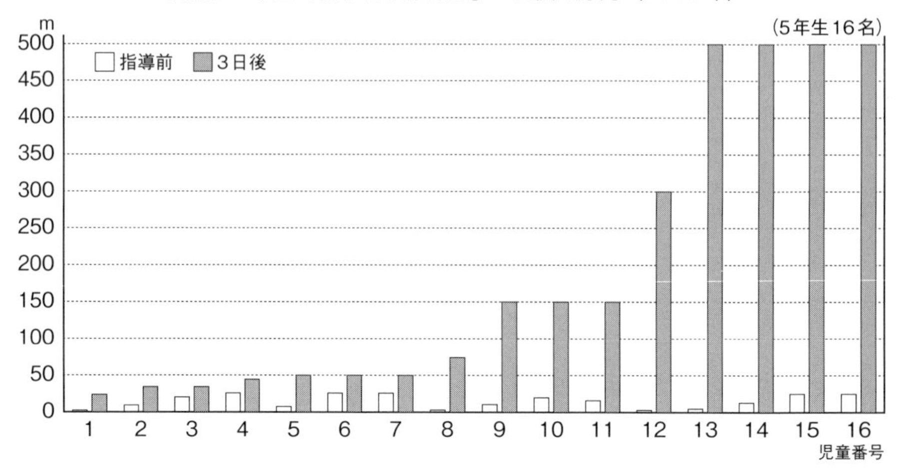

松前小4年生「初心者水泳教室」3日後の泳力（2005年）

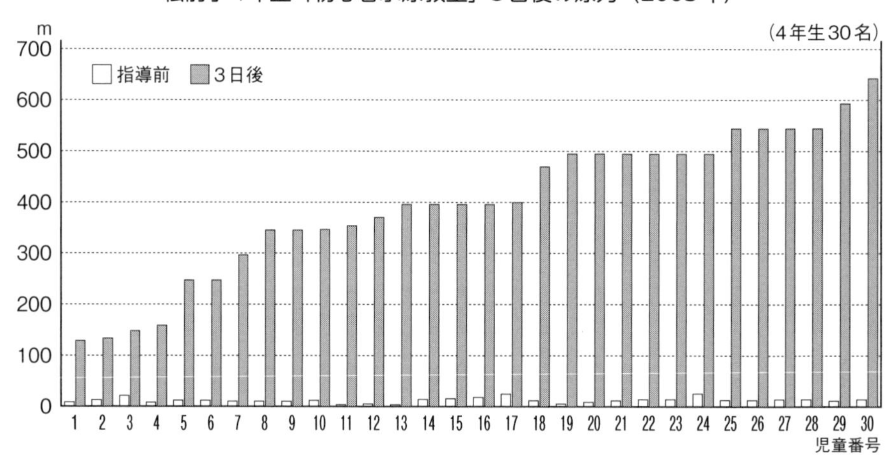

2005年、私は「初心者水泳教室」に招かれて初日のみ指導をすることになった。まず先生たちに理論講習である。先生たちの真剣な態度に気持ちが引き締まる思いだった。この後に子供たちへの実技指導である。全体指導を私が行い、個別指導を松前小の先生方が行った。個別指導の様子から、どの先生も日頃から子供たちと真剣に向き合っていることが感じられた。

参加した4年生30名、5年生16名は全員25m以下の泳力であった。

さて3日後、子供たち一人一人の泳力の伸びはグラフに示す通りである。5年生16名の指導前の平均値14mが195mに、4年生30名の平均値12mが403mまで伸びた。

指導に当たっては全員同じメニューで行った。泳法は初歩の平泳ぎ。ドルフィンキックも可とした。（ただ、顔を水につけることが極度にできなかった2名については、途中から背浮き・ちょうちょう背泳ぎの別メニューで行った）

毎回その日の最後に行う「記録に挑戦」ではクロールも可とした。また、200mを越える泳力が付いた子には腰に装着しているヘルパーを外すことを許可した。

先生たちの感想及び子供たちの感想を紹介する。

【先生たちの感想】

○全員が25m以上泳ぎ、とても驚かされた。（たったの3日で！）教師も100mや200m泳げて当たり前……という感覚になってきた。

○息つぎのコツがわかると、運動が不得意で普段不器用な子でも、手と足を自然に動かし、ひたすら泳ぎ続けた。長い距離を泳いでいく中で、はじめの150mくらいまでは、連続だるま浮きの延長のような泳ぎが、しだいに250mくらいで手が自然に動き始め、400mを越える頃には平泳ぎのフォームで泳いでいた。　（5年の今野君と4年の女の子）

○5年の今野君は授業では顔もつけられず、5mしか泳げなかったが、かえる足もうまくできていた。ある教師が「500mも泳いですごかったねー！　しんどくなかった？」と聞くと、「全然しんどくなかった。歩きよるみたいな感じやったよ。まだまだ泳げたよ」と答えが返ってきた。

○楽に呼吸ができていたのだと感じた。時間の関係で500mでいったんやめさせたのだが、やめさせなければ、いったい何m泳いだのだろう……。

○特にフォームは指導していないのに泳ぎ続ける中でできるようになっていったので、驚かされた。

○初日に連続だるま浮きができたと申告して、ちょうちょう背泳ぎコースにいかなかった４年生２名。どうしてもうまく進むことができなかった。２日目にもう一度、連続だるま浮きの手と呼吸のリズムを確認した。すると呼吸と手のタイミングがわかったのか、少しずつ進むようになり、50m泳いだ。３日目には200m泳いだ。

○水が恐くて顔つけしかできなかった５年男子。もちろん浮くことはできなかった。ちょうちょう背泳ぎ（ヘルパーつき）で25m自力で泳げた。

○だるま浮きがどうしてもできない山田さん。ちょうちょう背泳ぎで300m泳ぎ、自信をつけた。でも、まだだるま浮きはできなかったけど……。

○どの子も満足して帰っていきました。毎日記録がのび、できるようになる自分を感じているようで「しんどい。休みたい」という子はいませんでした。

【子供たちの感想】

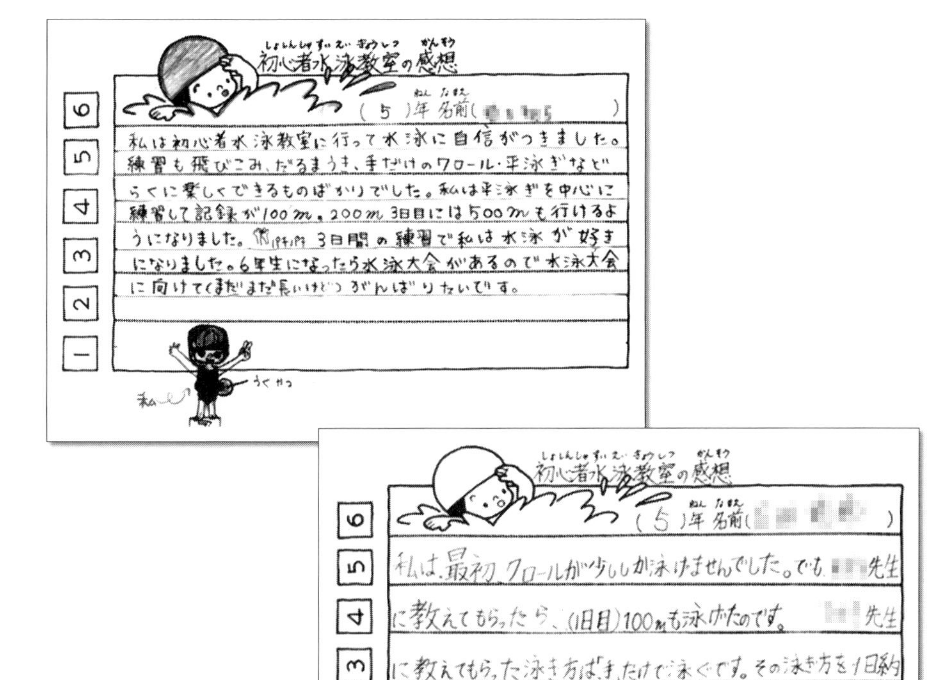

初心者水泳教室の感想

(5)年 名前(　　　)

私は初心者水泳教室に行って水泳に自信がつきました。練習も飛びこみ、だるまうき、手だけのクロール・平泳ぎなどらくに楽しくできるものばかりでした。私は平泳ぎを中心に練習して記録が100m。200m 3日目には500mも行けるようになりました。3日間の練習で私は水泳が好きになりました。6年生になったら水泳大会があるので水泳大会に向けてまだまだ長いけどがんばりたいです。

初心者水泳教室の感想

(5)年 名前(　　　)

私は、最初クロールが少ししか泳げませんでした。でも、先生に教えてもらったら、(1日目)100mも泳げたのです。先生に教えてもらった泳ぎ方は「手だけで泳ぐ」です。その泳ぎ方を1日約30分も練習しました。すると、2日目は300m。3日目は、500m。(先生は一日目に教えてくださいました。)先生に教えてもらったおかげで、目標の500mを泳げる事ができました。これからは、もっと長いきょりを泳げるように努力していこうと思います。

○わたしはすごく泳ぐのがじょうずになりました。きろくは400mぐらいです。なんでそんなにすすんだかと言うと、先生たちがおしえてくれたからです。とくに、かめだ先生がおしえてくれました。来年も400mをこして泳ぎたいです。（4年女子）

○はじめていって泳いだときは10mぐらいしか泳げなかったけど先生に言われたことをきいて泳いでみたら25mふつうに泳げるようになりました。いつも、25m泳げなかったから、泳げるようになってう

れしかったです。泳げる“こつ”をおしえてくれて、ありがとうございました。これからも練習をがんばります。　(4年女子)

○ぼくは初心者水泳教室に行って、まず、だるまうき、足飛び込みをしました。1日目には泳力テストで62mしか泳げませんでした。2日目は187mでした。3日目に500m泳げるようになりました。うれしかったです。1日目にすずき先生がきちんと練習をすれば泳げるようになるということを教えてくださったのでうれしかったです。
(4年男子)

○ぼくは水泳教室でさいしょ10mしか泳げなかったけど、先生に泳ぎ方をおしえてもらって、250mも泳げるようになりました。
(4年男子)

先生たちの感想からは、子供たちが楽に呼吸している様子やフォームが自然に進化している様子が窺えるだろう。

子供たちの感想からは、長い距離を泳ぐことができるようになった喜びを感じることができるだろう。

象徴的なのは、顔もつけられず5mしか泳げなかった5年生の男の子が500mをきれいな平泳ぎで泳ぎ、「全然しんどくなかった。歩きよるみたいな感じやったよ。まだまだ泳げたよ」と答えている点である。

この子のように、すべての子を陸上を歩くような感覚で泳げるようにしたいと思う。

2 万能型プログラムの誕生

前節「3日目に数百mを泳いだ」で紹介した事例はすべて「万能型プログラム」による指導である。

この節では「万能型プログラム」の誕生の経緯、名前の意味や込めた願い、指導のポイントを紹介する。

❶誕生のきっかけは「伊東家の食卓」

松山市沖に浮かぶ中島、その天谷（あまや）小学校に勤務していた2003年7月、当時の人気テレビ番組「伊東家の食卓」のロケがあった。

私は、「泳げない子を泳げるようにしたい」とずっと思ってきたが、一人の力なんて高が知れている。そこで、テレビの持つ情報発信力を借りて、日本の泳げない子を一人でもなくしたいと考え、番組へ応募していた。

応募から2年たった2003年6月30日、日本テレビのディレクターA氏より突然の打診の電話があった。「裏ワザを鈴木先生の学校の子供たちに試していただくことは可能ですか」と。吉田博子校長に相談したところ、子供のためになるなら、ということで許可が下り、ロケが進むことになった。

7月4日、企画書ファックス届く

【企画書】

○番組名　伊東家の食卓

○番組内容　視聴者から生活に役立つ情報を送ってもらい、その情報を様々な視点から検証する情報バラエティー番組

○放送局　日本テレビ放送網株式会社

○放送日時　平成15年8月26日火曜日　19時～20時

○コーナー名　「たった45分で急激に泳げるようになっちゃう裏ワザ！」

【裏ワザ内容】

腰ヘルパーを腰に装着して、下半身は力を抜いて、息継ぎと腕の動きだけに集中することで息継ぎのリズムを覚えて長い距離を泳ぐことができる。但し、全く泳げない人にはこの裏ワザは有効ではなく、泳げる距離が短い人限定の裏ワザになります。

【企画内容】
　鈴木先生が送ってくださった裏ワザ内容を実際に勤務校である天谷小学校にお伺いして実験のもと検証しようという内容です。ロケ当日は、スタッフがお伺いして学校からＢ＆Ｇ財団のプールに全校生徒で出かけるところから撮影をさせていただき、プールでの実験のもと裏ワザの効果を撮影したく思っております。

7月7日、ディレクターＡ氏来校

　Ａ氏は島の様子や天谷小学校、40名の子供たちを見て、番組のイメージを膨らませたようだった。Ａ氏自身、泳ぎが苦手だそうである。だからこそ泳げない子を泳げるようにする番組に強い思い入れがあるのだろう。「今までの番組のように、単に裏ワザを紹介するだけで終わらせたくはないのです。視聴した人が涙を流すようなものにしたいのです」と語っていた。

　Ａ氏は子供と人間関係を意図的に作っていた。給食のときに子供たちに話しかけたり、昼休みには一緒にサッカーをしたりしていた。子供たちの心をつかむのが上手だった。このことが後日の撮影のとき、子供たちの硬さをほぐすのに生きてきた。この後、11日の撮影について打合せをした。ロケは3、4年生の泳げない子を中心に撮影が進められることになった。

7月11日、ロケ当日

　ディレクターＡ氏、アシスタントディレクター、カメラマン6名。天谷小の子供たちの水泳の授業は主として学校の前の海で行われるが、数回は島内にある10km離れたＢ＆Ｇ財団のプールも使用する。ロケはこのプールで行われた。ロケ前「くれぐれも、裏ワザ以外の余分な指導はしないでほしい」とＡ氏から要請されていた。「この番組を見た子が、一人で練習して泳げるようになることをねらっています。だから、教師がそばにいて指導・助言をしなければならないようなものでは困るのです。夏休みも後数日で終わり、そのときに一人でやってみることを想定しています。放映も8月26日です」ということだった。私はそれまで行っていた他の指導を削ぎ落とすことにした。

授業が始まった。まず、準備運動としての水慣れ、だるま浮き、水中ジャンケン、けのびである。その間約7、8分。次に3年生と4年生の子供たち19名を集めて、次の3つを指導した。

①ヘルパーを腰につける。
②キックはしてはいけない。だからといって無理に止めようとカチンカチンにするのはいけない。足が勝手に動くのはよい。
③ゆったりと泳ぐ。（平泳ぎ、クロールどちらでもよい）

6台のカメラが回り、25mを泳げないＡさん、Ｂ君、Ｃ君の様子が主に収録されていった。この後、私は一切指導することを控えた。

裏ワザを使った30分が終わり、私が「もう、いいですよ。始めましょう」と言うと、Ａディレクターが「えっ、いいのですか？」「いきなり泳力テストですか？」と聞き返してきた。つまり、「本当に大丈夫なのか？」ということらしい。

裏ワザでの練習のときはヘルパーをつけている。なのに、ヘルパーを外して、いきなり本番は心配だったのだろう。

心配をよそに泳力テストでは3名とも25mを泳ぎきった。

3年女子Ａさん　8m　→　25m
4年男子Ｂ君　5m　→　25m
4年男子Ｃ君　15m　→　25m

裏ワザの効果が出たのである。（その上、ロケの翌週の授業でＢ君は150m、Ｃ君は50mまで距離を伸ばしたのである）

結局、この授業では11人中7人が25mを泳ぎきった。

©日本テレビ「伊東家の食卓」
平成15年8月26日放映

また、撮影対象でなかった子の中に、裏ワザが驚異的に効いた子がい

©日本テレビ「伊東家の食卓」
平成15年8月26日放映

た。4年生D君、平泳ぎで50mを泳げるものの、クロールとなると5mしか泳げなかった。このD君、「先生、なんかスイスイ泳げるよ」と言って100mを泳いだのである。

平泳ぎで50m泳げるのに、クロールは5mしか泳げなかったのはなぜだろう。彼は呼吸力や浮き沈みのリズムは習得していたのである。ただ、クロールの際、無理なバタ足をしていたため、呼吸のリズムを壊していたのである。バタ足をしなかったことで呼吸のリズムを習得したのである。

いずれにしても、私自身が子供たちの潜在力に驚かされたロケだった。

ロケ終了後、スタッフの人たちが「涙が出そうになりました」と言っていたのが印象的だった。

余談がある。ロケ本番で、25mを泳げなくて悔し涙を流していた3年生E君。9月に行われた校内遠泳大会で240mを泳いだのである。同じく25mだった3年生Fさんは800mを泳いだのである。

これらの事実は何を示しているのだろう。

子供は本来、何百mも泳ぐだけの能力をもっているのである。それを、指導者が25mとか50mに押しとどめているだけではないのだろうか。

❷万能型プログラムの誕生

「伊東家の食卓」のロケがあった2003年、その夏休みに愛媛県伊予郡北伊予小学校の「水泳教室」に招かれた。私にとって「伊東家の食卓」に紹介した裏ワザを使っての初めての水泳教室であった。

3、4年生の泳げない子約60名を対象にした3日間の教室である。

初日は小雨が降っている中で行われた。バディを組ませ、準備運動、水慣れの運動をさせた後、足飛び込み、連続だるま浮き、キックをしない平泳ぎやクロールと指導していった。しかし、気温・水温が低かったためか思うような効果は出なかった。この日は残念な気持ちで北伊予小を後にした。

ところが驚くべき結果が待ち受けていた。

私が指導したのはこの初日のみであった。2日目、3日目は同校の亀田智美先生が同じ方法で指導していった。そして、3日間の水泳教室が終わった後、亀田先生から驚きと喜びの電話があったのである。

「鈴木先生、すごいです。3日目に爆発的に泳げるようになりました。フォームもきれいになっていきました。本当にすごい効果です」と。

3日という短期間で数百mを泳げるようになり、フォームも進化していくという事実を知った初めての出来事であった。

そして、この3日間のメニューを原型にして「万能型プログラム」が誕生したのである。「伊東家の食卓」がなければ誕生していなかったであろう。

❸命を守り3日目に数百m泳げるようになる

どのように授業を組み立てれば3日目に数百m泳げるようになるのか。

「伊東家の食卓」、「泳げない子の水泳教室」を経て誕生した「万能型プログラム～基本型～」、当初は泳力の向上のみを目指していたが、改良を加え現在は命を守る力をつけることの方に重きを置いてきている。

そのため「命を守り3日目に数百m泳げるようになる万能型プログラム」という長い名前となっていることをご容赦願いたい。

「**命を守り……**」という名前の通り、一番の目的は水の事故から命を守る力をつけることである。例えばメニューの中に「立ち飛び込み」があるが水遊びとしてではない。不意に落水した疑似体験である。2日目には「横向き」、3日目には「後ろ向き」としているのは、不意に落水するときには様々な姿勢が想定されるからである。

また、「だるま浮き」、「連続だるま浮き」は落水時に命を守る核となる技能として位置づけている。

「連続だるま浮き」などの命を守る核となる技能が、泳力を劇的に向上さ

命を守り3日目に数百m泳げるようになる万能型プログラム～基本型～

1日目		
メニュー	回数	分
集合・整列、ねらい・プールのルール・スケジュールの説明		6
2人1組(バディ)になる		2
準備体操		3
水慣れ(シャワー、水中歩行)		10
落水体験：立ち飛び込み(前向き)	5回	5
ヘルパーの装着方法を知る		4
落水後浮かび上がる場面を想定：だるま浮き	10秒 ×5	3
ボビング(止息・呼息・吸息)	10回 ×5	3
落水後呼吸を続ける場面を想定：連続だるま浮き	10回 ×5	3
手を伸ばした連続だるま浮き	12m ×3	10
足も伸ばした連続だるま浮き=クラゲ足平泳ぎ	12m ×3	10
休憩・移動		6
記録に挑戦 泳法：キックをしない平泳ぎ(ヘルパーあり) (=クラゲ足平泳ぎ) 推進力はそれほどない。浮いたり沈んだりしながらゆっくりと進んでいるイメージである		20
記録の確認・評価		5

計　90分

(教室で「水泳記録カード」に記入)

2日目		
メニュー	回数	分
シャワー、ヘルパー装着		
集合・整列(バディ)・メニュー説明		2
準備体操・水慣れ		3
落水体験：立ち飛び込み(横向き)	5回	4
落水後浮かび上がる場面を想定：だるま浮き	10秒 ×3	2
ボビング(止息・呼息・吸息)	10回 ×3	2
落水後呼吸を続ける場面を想定：連続だるま浮き	10回 ×3	2
連続だるま浮きサバイバル		5
クラゲ足平泳ぎ	12m ×3	10
発問・説明　手のかき方は?　半分だけかく		5
クラゲ足平泳ぎ	12m ×3	10
休憩・移動		5
記録に挑戦 泳法：クラゲ足平泳ぎ(ヘルパーあり) 無意識に足が動くのは可とする。 初日に比べ、推進力が増している。また、ゆったりとした呼吸になってきている		35
記録の確認・評価		5

計　90分

(教室で「水泳記録カード」に記入)

3日目		
メニュー	回数	分
シャワー、ヘルパー装着		
集合・整列(バディ)・メニュー説明		2
準備体操・水慣れ		3
落水体験：立ち飛び込み(後ろ向き)	5回	3
連続だるま浮きサバイバル		5
クラゲ足平泳ぎ	12m ×2	7
発問・説明　キックのタイミングは?		5
キックを入れた初歩の平泳ぎ	12m ×3	8
移動		2
記録に挑戦 泳法：初歩の平泳ぎ ヘルパーあり ヘルパーなし（2日目に200m以上を泳いだ子） キックはドルフィンキックのままでよい。かえる足の指導はこの泳ぎで500mを進むことができるようになった後にする（かえる足ができる子にはさせてよい）		50
記録の確認・評価		5

計　90分

(教室で「水泳記録カード」に記入)

せる技能でもある。「……**3日目に数百m泳げるようになる**……」としているのはそのためである。

全国の小学校で夏休み中に「泳げない子の水泳教室」がよく行われているが、このプログラムをこのままそっくり追試することをお勧めする。

「……**万能型プログラム**」は命を守ること、泳げるようにすること、この2つを同時に達成することを願って名付けたものである。そしてすべての泳法において短期間に飛躍的に泳力を伸ばすことができるという理由から名付けたものである。

※「命を守り3日目に数百m泳げるようになる万能型プログラム」…以下「万能型プログラム」と略す。

❹万能型プログラムの3つのポイント

このプログラムには3つのポイントがある。

ポイント①は**浮沈力をつけること**である。

浮沈力とはリズミカルに浮いたり沈んだりしながら呼吸を続ける技能である。具体的には**連続だるま浮き**である。だるま浮き姿勢で連続して行うので連続だるま浮きという名をつけている。

ポイント①

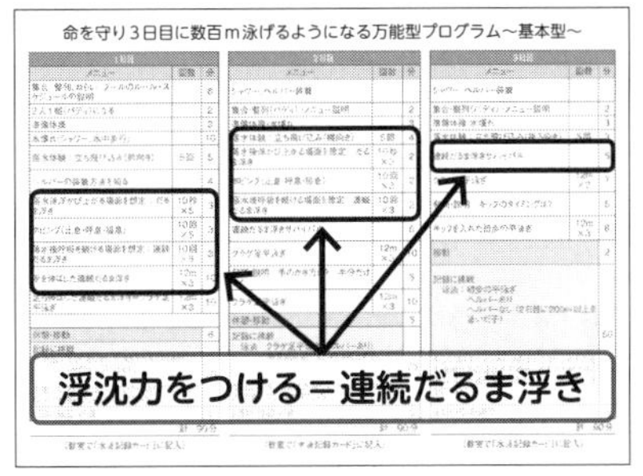

ポイント②は**下半身を脱力し手のかきに合わせて呼吸する**ことである。そのためには**キックをしない**ことである。意識的な強いキックをバシャバシャとすると下半身が緊張し、手のかきに合わせたリズミカルな呼吸ができなくなる。

下半身を脱力することができるようになれば手のかきの反動で足が僅かに動くようになる。

無意識の足の動きをきっかけに意識的なキックを開始するようにする。**勝手に足が動くことを感じたらキックを入れる**のである。

ポイント②

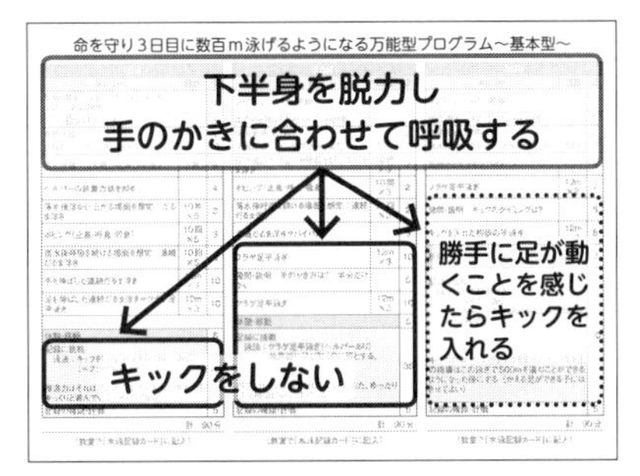

ポイント③

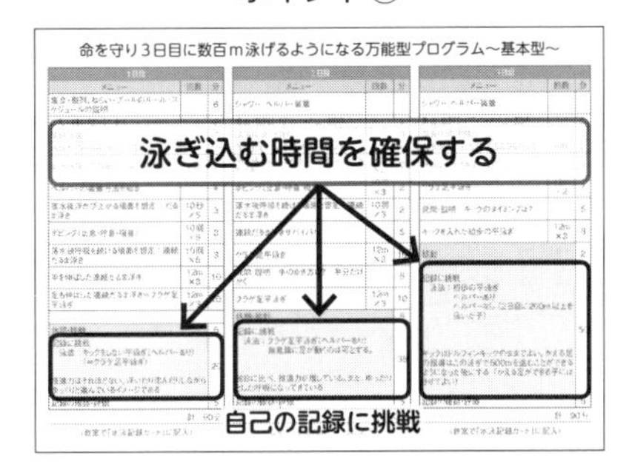

ポイント③は**泳ぎ込む時間を確保する**ことである。

ほとんどの教師は子供たちが25mを推進できればそれで泳げるようになったと満足し、50mも推進できれば感動する。25mや50mの推進力では命を守ることはできないのだが、それ以上泳ぎ込ませることをしない。**泳ぎ込む時間を確保する**ことで数百mを推進する力が容易につくことに気付いていないのである。泳ぎ込む時間は子供たちからすれば「自己の記録に挑戦する」時間であり、リズムを習得する時間でもある。
リズムさえつかめば体力の続く限り泳ぎ続けるのである。

3 必需品ワンタッチヘルパー

❶ワンタッチヘルパーとは

ワンタッチヘルパーは必需品である。これなくしてはこの指導法の効果を期待することはできない。

大人であれば腰に装着できればどのようなタイプのヘルパーでもよい。

小学校の授業で使うのであればワンタッチヘルパーをお薦めする。浮力が適度で1個が900円程度のコストで済む。

浮きを2個、3個と増やすこともできるが、そうすると浮力が強くなり過ぎて却って浮き沈みリズムの習得を阻害する。

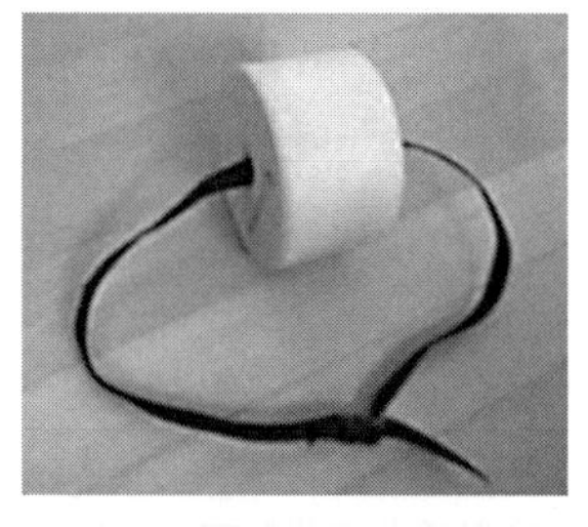

適度に沈む、適度に浮くことが大事である。

ワンタッチヘルパーとは私が便宜上名付けたものであり商品名ではない。

小学校のプールに置かれている浮き具はビート板がほとんどである。ヘルパーが置かれていてもほとんど使われていない。なぜなら紐で結ぶタイプだからである。小学校低学年の授業で「結び、解く」ことはとても時間がかかる。学校現場には向いていない。

そこで、ワンタッチでベルトを装着・脱着できるようにすれば問題は解決できる、ということでワンタッチベルトを考案した。

当初は、ヘルメットを製造する工場からバックルとベルトを購入しワンタッチベルトを手作りし、私の指導法を追試してくれる小学校にお分けしていた。

しかし、個人の力など知れている。需要が増えた場合対応できない。いつでも、どこからでも入手できるシステムが必要である。そこでスポーツ用品メーカー数社に見本を送り、製造販売をお願いした。すると水中スポーツ用品を専門に取り扱っている鬼怒川商事さんが、収益はあまり期待できないにもかかわらず市販を快諾してくださった。これによりいつでも、全国どこからでも入手することができるようになったのである。

❷ワンタッチヘルパーの購入先・作り方

浮きとベルトを別々に購入する。

浮きは3個セットで販売されている。

図のように浮きのポリエチレン発泡材1個にワンタッチベルト（商品名：トレーニングヘルパー用ベルト）をつけるとワンタッチヘルパーになる。

エバニューWebサイトより

鬼怒川商事Webサイトより

ワンタッチベルトの長さは小学生用として短めに作られている。長すぎると端が垂れ下がり事故の原因になってしまうかもしれないためである。腹囲の大きい子や大人が使用する場合は2本を連結して使用する。

大人の場合は下図のようなワンタッチタイプのヘルパーがエバニューやトーエイライトから販売されている。

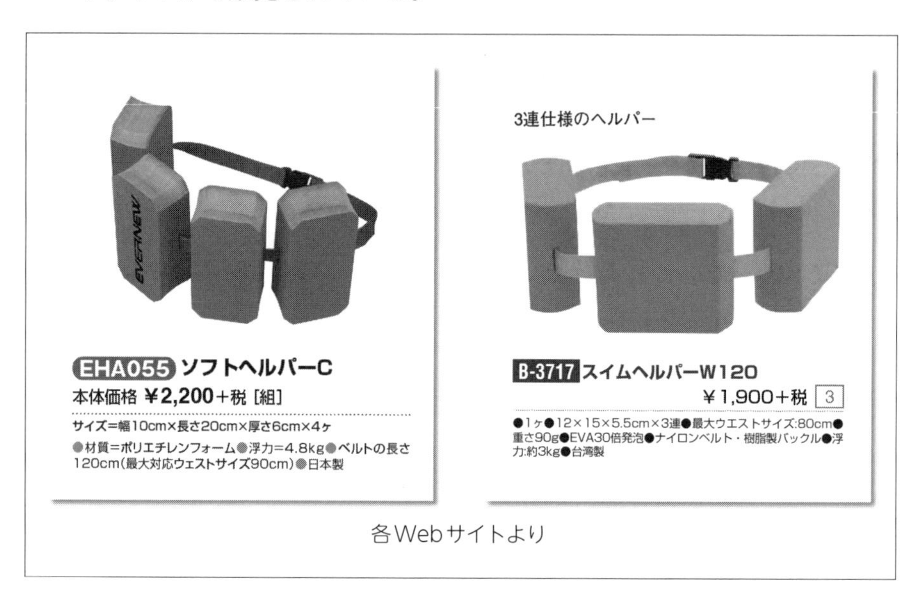

各Webサイトより

4 万能型プログラムの授業

❶6日目にクロール407m

「万能型プログラム」では平泳ぎを中心に指導している。もちろん万能型プログラムはクロールにも背泳ぎにもバタフライにも応用可能である。

「平泳ぎを指導した後、クロールを指導するには授業をどのように組み立てればよいのですか」。このような質問が寄せられた。

その質問に答えられる授業実践例である。

6日でクロール平均407mの授業プログラム

(松山市立S小4年　2013年)

1日目
メニュー
集合・整列・4日間の説明
二人一組(バディ)になる
準備体操
水慣れ(シャワー、水中歩行)
水遊び
ヘルパーの装着方法を知る
泳力測定
水遊び
記録の確認・評価
90分

2・3日目(クラゲ足平泳ぎ)		
メニュー	回数	分
シャワー、ヘルパー装着		
集合・整列(バディ)・メニュー説明		2
準備体操		3
水慣れ(シャワー、水中歩行、けのび)		10
浮き漂う(だるま浮き、背浮き)		5
不意に落水(足飛び込み)・浮かび上がる		5
だるま浮き	10秒×5	3
ボビング(止息・呼息・吸息)	10回×5	3
連続だるま浮き	10回×5	3
連続だるま浮き　サバイバル		5
手を伸ばした連続だるま浮き	10分程度	10
足も伸ばした連続だるま浮き =クラゲ足平泳ぎ	10分程度	10
休憩・移動		6
記録に挑戦(ゆったりと泳がせること) 泳法：キックをしない平泳ぎ =クラゲ足平泳ぎ ※ヘルパーを装着させておく。 【泳ぎのイメージ】 推進力はそれほどない。浮いたり沈んだりしながらゆっくりと進んでいるイメージである。		20
記録の確認・評価		5
		90分

4日目(クラゲ足平泳ぎ)		
メニュー	回数	分
シャワー、ヘルパー装着		
集合・整列(バディ)・メニュー説明		2
準備体操		3
水慣れ(シャワー、水中歩行、けのび)		4
不意に落水(足飛び込み)・浮かび上がる		3
だるま浮き	10秒×3	2
ボビング(止息・呼息・吸息)	10回×3	2
連続だるま浮き	10回×3	2
連続だるま浮き　サバイバル		5
クラゲ足平泳ぎ	10分程度	10
発問・説明 手のかき方は？　半分だけかく		4
手の半分だけかくクラゲ足平泳ぎ		10
休憩・移動		3
記録に挑戦(ゆったりと泳がせること) 泳法：クラゲ足平泳ぎ 無意識に足が動くのは可とする。 ※ヘルパーを装着させておく。 【泳ぎのイメージ】 初日に比べ、推進力が増している。また、ゆったりとした呼吸になってきている。		35
記録の確認・評価		5
		90分

5日目(平泳ぎ)		
メニュー	回数	分
シャワー、ヘルパー装着		
集合・整列(バディ)・メニュー説明		2
準備体操		3
水慣れ(水中歩行)		3
連続だるま浮きサバイバル		5
クラゲ足平泳ぎ		7
発問・説明 キックのタイミングは?		5
キックを加えた初歩の平泳ぎ		8
移動移動		2
記録に挑戦(ゆったりと泳がせること) 泳法：キックを加えた初歩の平泳ぎ ※ヘルパーを装着させておく。 ただし前回に200m以上を泳いだ子には装着させなくともよい。 【泳ぎのイメージ】+留意点 フォームが次第に平泳ぎに近づいてきている。キックはドルフィンの子がほとんどであるが、このままでよい。 かえる足の指導はこの泳ぎで500mを進むことができるようになった後にする。(かえる足ができる子にはさせる。禁止する必要はない)		50
記録の確認・評価		5
		90分

6日目(クロール)		
メニュー	回数	分
シャワー、ヘルパー装着		
集合・整列(バディ)・メニュー説明		2
準備体操		3
水慣れ(水中歩行)		3
連続だるま浮きサバイバル		5
クロールのイメージをつかむ		3
キックをしないクロール (呼吸とかきを合わす)		7
発問 息継ぎの際見てはいけない方向は?		3
息継ぎ時の頭の位置に気を付けたクロール		7
移動移動		2
記録に挑戦(ゆったりと泳がせること) 泳法：意識的なキックをしないクロール ※希望する子にはヘルパーを装着させておく。 【泳ぎのイメージ】+留意点 バシャバシャとキックをしない。 勝手に足が動くことを感じたら軽くキックをさせる。 意識的な強いキックをさせると呼吸のリズムが崩れる。		50
記録の確認・評価		5
		90分

・「万能型プログラム～基本型～」をもとに90分×6回の授業を実施。

・実施時期、2013年6～7月

・松山市立S小学校4年生70人（男子28人、女子42人）

❷クロールの指導は1日だけ

実際の授業では水泳シーズン最初に水慣れのための時間やプール使用に当たってのルールを指導する時間が必要である。それが1日目のメニューである。

2日目、3日目は同じメニューを繰り返した。天候の変化により予定のメニューを消化できなかったことによる。指導効果が上がっていないのにプログラムだけを先に進ませることを避けた。

クロールの指導は最終日の6日目のみ行った。

❸25mを泳げなかった子の平均泳力の伸び

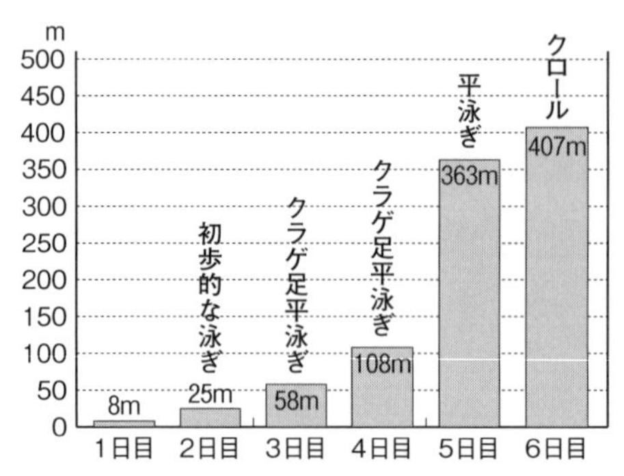

25mを泳げなかった54人の平均泳力の伸び

1日目の泳力測定の結果、25mを泳げない子は70人中54人であった。平均値は8mであった。

左のグラフは25mを泳げない子54人のデータである。

左のグラフに示すように1日目の授業で平均泳力が8m（泳法クロール、平泳ぎなど）であったのが2日目25m（初歩的な泳ぎ）、3日目58m（クラゲ足平泳ぎ）、4日目108m（クラゲ足平泳ぎ）、5日目363m（平泳ぎ）、6日目407m（クロール）と伸びていった。

なお、5日目まではヘルパーを着用している。6日目は希望者は外している。

❹一人一人の泳力はどうなのか

- Aグループ　7人（25m未満）
- Bグループ11人（25m以上～200m未満）
- Cグループ33人（200m以上）

6日目の授業の平均泳力407m（見学3名を除く）を記録の順に個別に表す。

これに加えて25m、200mを境にA、B、Cの3グループとした。

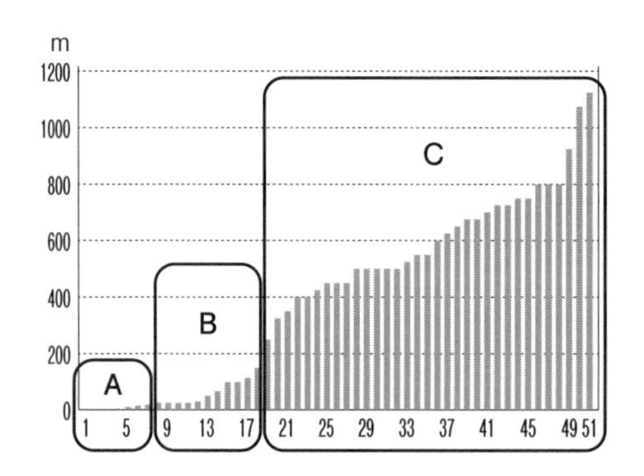

平均407m、54人の個別記録

平均407mとはいうものの個別に見れば25mすら泳げない子が7人いる。

「確かに泳げない子もいます。しかし半数以上の子が400mを越えているではないですか。1000mを越えている子も2人もいるじゃないですか。すごいことです」と言ってくれる教師仲間もいるが、私は泳げない子がいることを当たり前のこととして受け止めたくはない。そこには泳げない何らかの理由があるはずである。

❺なぜ25mを泳げないか？ ここに本質的な理由が……

多くの教師は3日で数百mを泳げるはずがないと思っている。一般の人もほとんどの人がそう思っている。それが常識だ、と。そういう人にとって25mを泳げない子が7人いるというのは不思議でも何でもないのかもしれない。

しかし、私にとっては不思議で仕方がない。なぜなのか？ と。

そこで、理由を探るべくデータを拾ってみることにした。

万能型プログラムには「連続だるま浮きサバイバル」といって足をプールの底につけることなく連続だるま浮きを5分間リズミカルに続けるメニューがある。このときの様子を**持続力・脱力・呼吸力**の視点から「学習カード」に記録させていた。この3つの視点で表とグラフに表し各グループを比較した。

「**持続力**」とは途中で足を底につけることなく「連続だるま浮き5分間」ができる力である。Aグループでできた子は0%、Cグループでは97.0%である。はっきりとした違いがある。

泳力と連続だるま浮き5分間との関係を考察する。連続だるま浮き5分間ができる割合を見る。Aグループ（25m未満）は0%、Bグループ（25m以上200m未満）は27.2%、Cグループ（200m以上）は97.0%である。

泳力の高いグループほど連続だるま浮き5分間の達成率が高くなっている。歴然とした違いが見られる。

持続力・脱力・呼吸力のグループ別比較

	連続だるま浮き5分間 持続力	背中が浮くまで待つ 脱 力	呼吸が楽 呼吸力
A 0～25m未満	0.0%	57.1%	57.1%
B 25～200m未満	27.2%	54.5%	27.2%
C 200m～	97.0%	100.0%	81.8%

「**脱力**」とは背中がぽっか

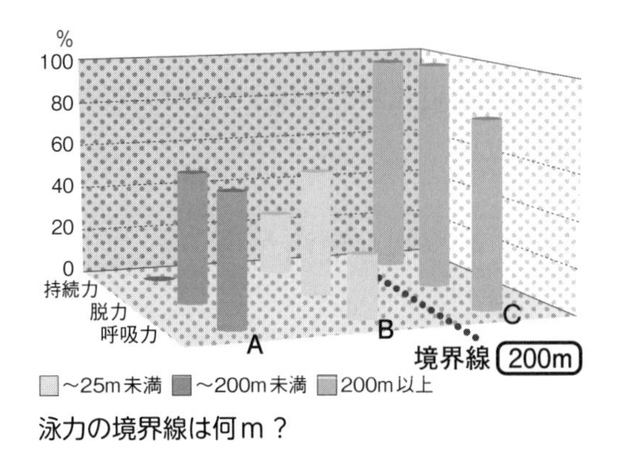

泳力の境界線は何ｍ？

りと水面に浮かび上がるまでリラックスして待つことのできる力である。緊張をほぐすことのできる力と言ってもよいだろう。Cグループの「脱力」達成率は100％である。A、Bグループとも60％未満である。はっきりした違いが見られる。

「**呼吸力**」とは連続だるま浮きの際の呼吸の様子を問うたものである、Cグループは81.8％でほとんどの子が楽に息継ぎができている。これもA、Bグループと比してはっきりとした違いが見られる。

25mを泳げない子と連続だるま浮きには相関関係があると言える。

またBグループのデータ傾向はAグループに近い。Bグループは距離こそ25m以上（～200m未満）を泳ぐことができているものの本当に泳げると言えるのかという疑問が生じてくる。

つまり泳げる、泳げないという泳力の境界線はどこにあるのか、という疑問が生じるのである。グラフを見る限りではその境界線は200m辺りにありそうなのである。

200mを泳げない子と連続だるま浮きには相関関係があるという見方もできるのである。

以上のことから（特にAグループの持続力0％ということ）連続だるま浮きができない原因を探ればそれが泳げない本質的な原因であると考えられる。

本質的な原因がわかれば解決策が見えてくるはずである。

そう考え、連続だるま浮きの基礎技能をさらに細分化し調べていった。

※第２章第３節「泳げない原因を診断する」へ続く

5 呼吸力の習得を縦糸にした指導ステップ

どのような原理・原則で水泳指導を系統立てていけばよいか。

一言で言うなら「呼吸力の習得」である。（万能型プログラムも呼吸力の習得を縦糸にした指導プログラムである）

具体的には次の5点を根幹に系統立てている。

①沈む　……………………………………落水
②浮く
③浮き沈みに合わせて呼吸を続ける　……浮き沈みのリズム
④浮き沈みしながら進む　…………………浮き沈みから泳法へ進化
⑤泳法の完成　……………………………④にキックを加える

ここではこの原理・原則に基づいて構成した1〜13のステップを紹介する。バタフライや「ちょうちょう背泳ぎが困難な子」の指導も紹介。

❶体に水をかける

シャワーを浴びる。

水泳にとって体を水に慣らすことが一番の「準備運動」となる。

水に対する皮膚感覚を呼び覚まし、呼吸感覚を高める。心臓から遠い足先などから水を掛けていく。

❷水遊び（水の中を歩く）

次にプールにゆっくりと入水する。頭も沈める。身体に変調がなければ、プールの中をゆっくりと歩く。歩きながら頭まで沈める。プールの端から端までを1

～2往復。頭を沈める回数は10回程度でよい。

❸足から飛び込む＝落水体験

水の事故は不意に落水することで起きることが多い。落水して沈む感覚に慣らしておきたい。呼吸が簡単にできない水中へ突如入ってしまう感覚を数多く経験することは重要である。また、子供たちは水という「クッション」を非常に喜ぶ。水遊びとしても重要なメニューである。

なお助走は決してさせない。滑って頭を打つ危険があるからである。

飛び込んだ瞬間や水中では息を止めること、また鼻から呼息することを教える。

❹潜る（水中で息を止める）

ここは例示である。要は遊びつつ水中で息を止めることや意識的に鼻から呼息することができればよい。

その一つ「水中じゃんけん・足くぐり」である。水中でじゃんけんをして負けたら相手の足の下をくぐる。低学年に人気の遊び。

潜水艦ごっこ。高学年に人気がある。全員の足の下をくぐることができれば成功である。息を止める時間の長さと、蹴伸び姿勢が成否を分ける。

❺だるま浮き（止息）

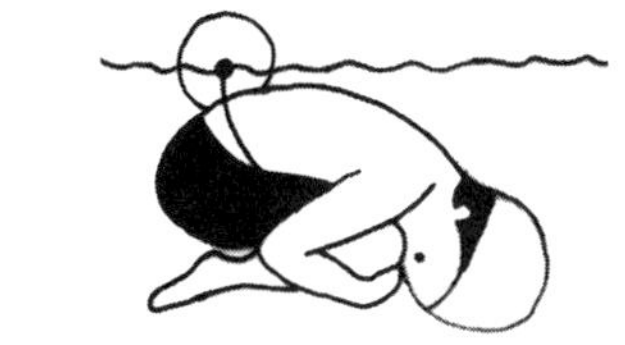

腰にヘルパーを装着する。

大きく息を吸って止める。そのままだるまさんになる。鼻から少しずつ呼息する。10秒間できれば合格。

笛の合図で一斉に始め、笛の合図で終わりを知らせる。(5回繰り返す)

❻ボビング（止息→呼息→吸息）

①空気を口から十分に吸い息を止める。手は斜め上方に伸ばしたまま3秒ほど水中にしゃがみじっとしている。この間、**鼻から「ン〜ン」と少しずつ呼息**する。鼻から呼息しないと鼻腔内圧が下がり鼻腔に水が入りやすくなるからである。

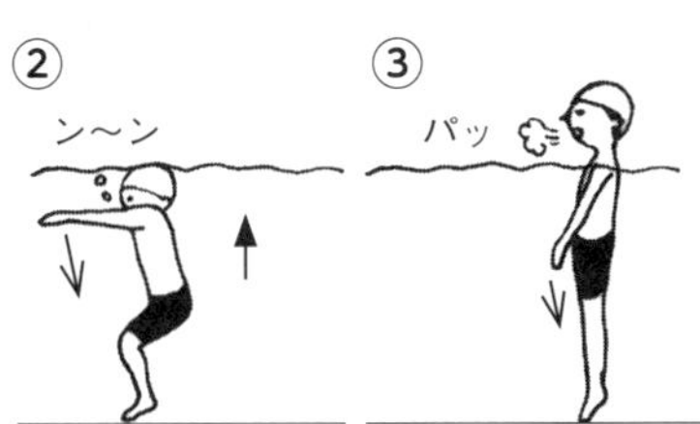

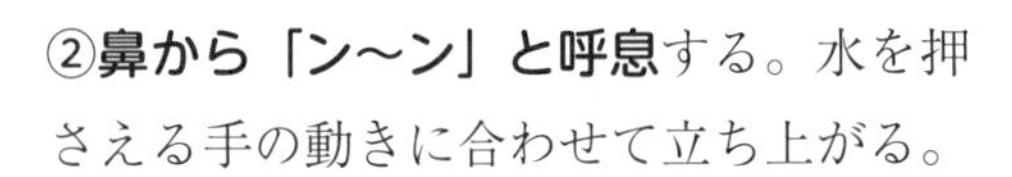

②**鼻から「ン〜ン」と呼息**する。水を押さえる手の動きに合わせて立ち上がる。

③「ン〜ン」と鼻から呼息しながら頭を水面に出し、残りの息を**「パッ」と口から吐き出す**。吐き出した反動を利用して空気を**口から**十分に吸う。なお、手の最後の一押しと「パッ」は同時である。(頭を水面に出しながら、「ン〜ン、パッ」と声を出す。このことで呼息が鼻から口へ自然に切り替わる)

①～③をゆったりと10回繰り返す。これを3セット行う。
※できない子には写真のように教師が手をとってリズムと呼吸「ン～ン、パッ」を教える。

❼連続だるま浮き＝浮沈力

だるま浮きとボビングをミックスした動きである。体を丸めて浮き沈みをしながら呼吸する。浮かび上がってくる時間には個人差がある。中には沈んだままの子もいる。時間がかかり過ぎると息が続かない。

そこで誰でもが同じ時間で浮かび上がれるように（＝同じリズムで浮き沈みできるように）腰にヘルパーを着用する。なお、海で行う場合にはプールと比べて大きな浮力を得ることができるためヘルパーは不要。

①

空気を口から十分に吸い、4秒間だるま浮きをする。手は膝を抱え背中を丸める。後頭部も水面に沈めるようにする。この間、**鼻から「ン～ン」と少しずつ呼息**する。

②・③

手の動き……手で水を押さえて顔を水面に出す。手の動きは**一度だけ**羽ばたくように、である。この動きは後に平泳ぎへと繋がっていく。ちょこちょこっとかいてはいけない。

呼吸……「ン～ン」と鼻から呼息する。顔が水面に出ると同時に口の周りの水を吹き飛ばすように残りの息を「パッ」と**口から吐き切る**。吐いた反動を利用して空気を口からすばやく十分に吸う。

（「ン～ン、パッ」と声を出す。このことで呼息が鼻から口へ自然に切り替わる）

水中に再び沈み①～③を10回繰り返す。これを5セット行う。

なお、2回目の授業から**連続だるま浮きサバイバル5分間**をメニューに入れる。サバイバルとは生き残ること。「5分間一度も足が底につくことなく続けることができれば水難事故に遭った場合でも助かることができる」という話を子供たちにしておく。授業のたびに足のつく回数が減っていくようになる。

❽クラゲ足平泳ぎ（浮き沈みしながら前へ進む）

連続だるま浮きの丸まった姿勢を広げてやれば平泳ぎに近い「初歩的な泳ぎ」であるクラゲ足平泳ぎとなる。連続だるま浮きは浮き沈みという「縦の動き」である。これに対して平泳ぎは「横の動き」である。クラゲ足平泳ぎは「縦の動き」を「横の動き」に移行したものと言える。「連続だるま浮き」の丸めていた体を伸ばしていくと、前へ進むようになり、しだいに平泳ぎに近づく。

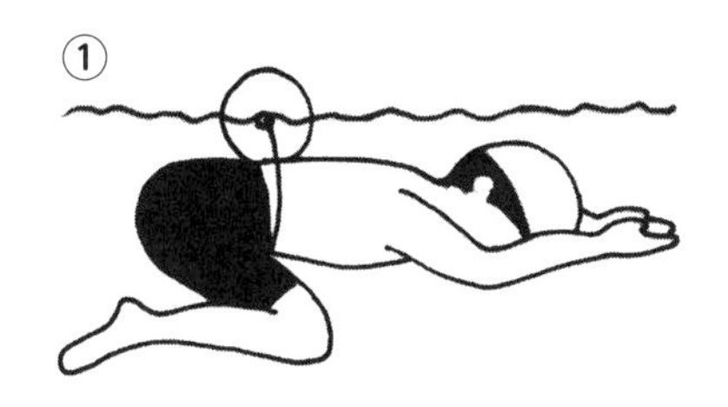

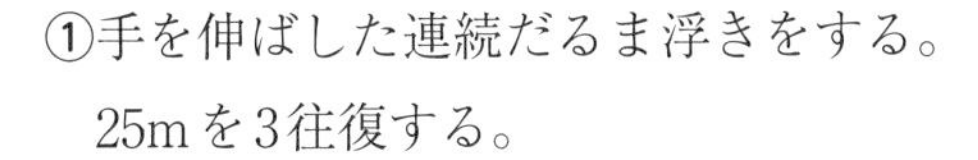

①手を伸ばした連続だるま浮きをする。
25mを3往復する。

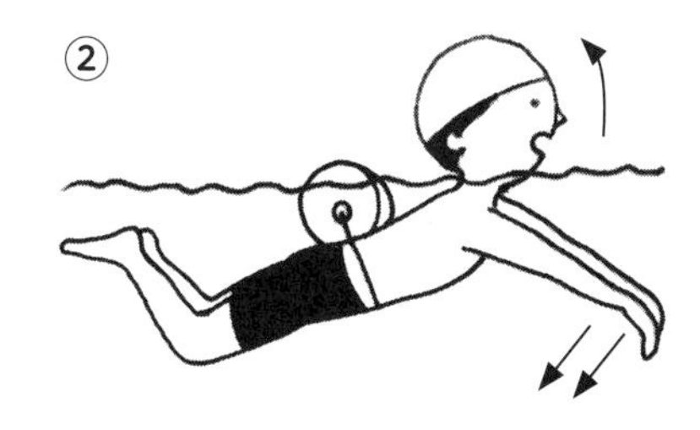

②足も軽く伸ばして連続だるま浮きをする。伸ばした足は動かさない。**クラゲのようにだらんとして**おく。そのためこれをクラゲ足平泳ぎと呼ぶ。
25mを3往復する。

③

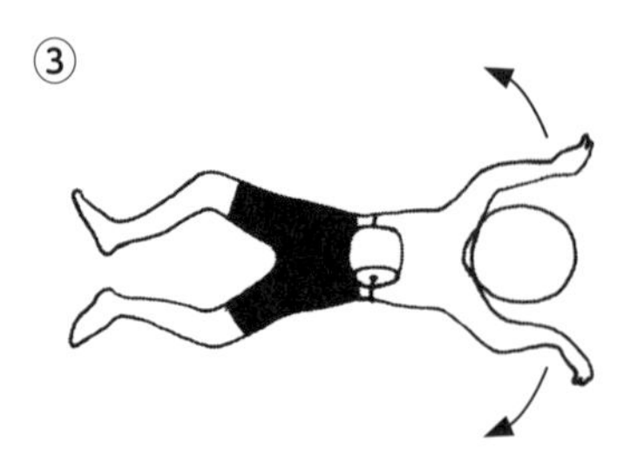

③よく進むように手のかきを考えさせる。真下に下ろすより、横に広げた方が進む。

④

④最後までかきすぎるとリカバリーの際、水の抵抗が大きくなり前へ進みにくくなる。半分だけかくことを教える。「手を半分だけかきなさい」と指示する。その後「半分だけかいたら両手を槍の先のように伸ばしなさい」と指示する。

⑤

⑤リズムを整える。蹴伸び姿勢を4秒間とる。この時、鼻から少しずつ呼息する。なぜ4秒間か。「連続だるま浮き」で沈んでから浮かび上がってくるまでの時間が4秒だからである。

クラゲ足平泳ぎは連続だるま浮きを変化させたものである。当然4秒間というリズムも同じになる。

❾クラゲ足平泳ぎ+キック（無意識の脚の動きを起点にする）

「平泳ぎはキックのタイミングを教えるのが難しい」とよく言われる。

逆説的だが、**キックのタイミングはキックをさせないことで自然に生まれる**のである。

クラゲ足平泳ぎをしている子供たちの足を見ていた時である。手で水をかいた時、その反動で膝が曲がり、かかとが僅かに上がることに気が付いた。

これは意識的な動きではなく、無意識

の動きである。実はこの**無意識の脚の動きが見事なまでに平泳ぎのキックのタイミングにぴったり合っている**のである。

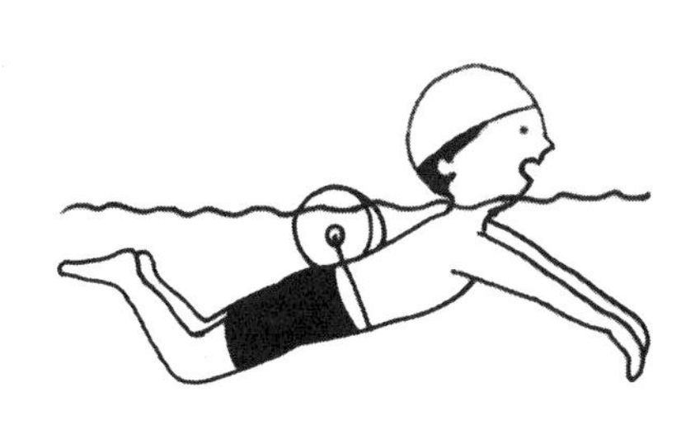

「クラゲ足平泳ぎの時、手で水をかくと脚が自然に動きます。それをきっかけにかかとをおしりに近づけなさい。そして水を軽く蹴りなさい」と指示する。

この時の蹴り足は（足首を返さず甲で水を蹴る）ドルフィンキックが自然である。かえる足を強要すると、せっかく自然にできているキックのタイミングがずれて、ぎくしゃくした泳ぎになってしまう。

ヘルパーを使って下半身を脱力させていたことによりキックのタイミングの取り方を発見できた。ヘルパーがなければ発見できなかった。

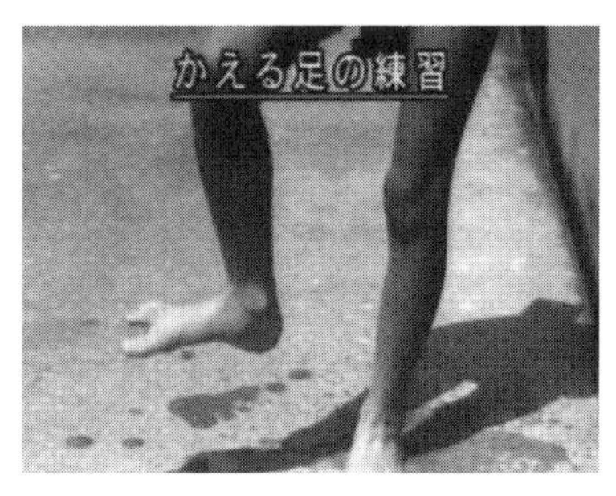

かえる足の指導は（ドルフィンキックのままでよいから）キックのタイミングがしっかり身に付いてからにする。かえる足が無理なくできる子には最初からさせてよい。

まずはリズム。その後にフォームである。これを逆にするとリズムの習得に膨大な時間を要する。

かえる足の指導は、陸上で足首を返すメニューや背浮きかえる足などが効果がある。

⑩クロール

頭を前に起こし両手を左右同時に動かす平泳ぎはリズムが取りやすい。対してクロールは頭をねじり手は左右交互に動かす。そのためリズムが取りにくい。**手と呼吸の連携の接点**を見つけにくいのである。この点以外はクロー

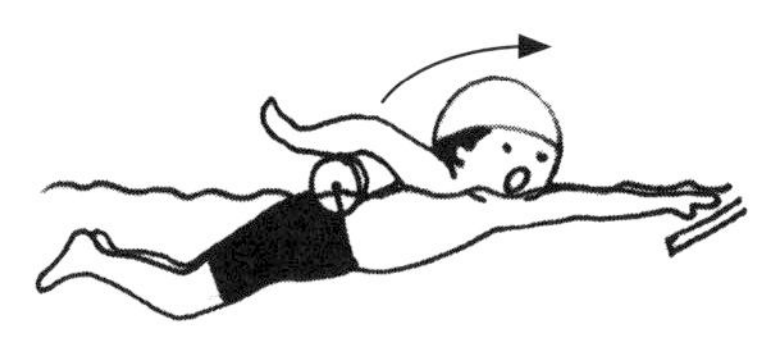

ルも平泳ぎと同じである。手のかきと呼吸の連携ができた後にキックを加える。

ヘルパーを腰につけ、キックをせずに20～30分ゆったりとクロールで泳ぐ。たったそれだけで10mも泳げなかった子が25mを泳ぐようになる。1日で100mを泳ぐようになった子もいた。

片方の手だけで泳ぐ「片手クロール」にすると呼吸との連携の接点を見つけやすくなる。片手クロールで25mを楽に進めるようになったら両手クロールに移る。400m以上進めるようになったらキックを加えていく。（ヘルパーを外してよい）

ただし意識的な強いキックを打たせない。次のような指示が有効である。

足が勝手に動くことを感じたら、それをきっかけにキックを軽く打ちなさい。自分からバシャバシャとキックをしてはいけません。

⓫バタフライ

バタフライは習得が一番難しく、また指導するにも一番やっかいな泳法と思われがちであるが、平泳ぎとクロールを習得した子には難しい泳法ではない。キックやかきの動きはクロールに似ており、足や腕を左右同時に均等に動かす点では平泳ぎに似ているからである。

また、息継ぎは平泳ぎと同様、手で水を押さえ、その反動を利用して頭を水面上に上げる。首をねじることもない。

では、何が難しいのか。バタフライのポイントから考えてみる。

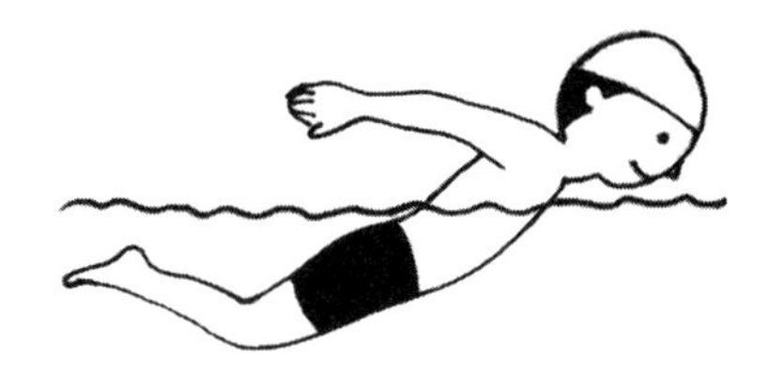

バタフライのポイントは以下の3点である。

○1かき2キックのリズム
○腰の上下動（イルカの尾びれのような下半身の動き）
○腕の跳ね上げ（リカバリー）

この中でも1かき2キックのリズムが難しい。なぜ難しいのか、それは手の動きが1回なのに足が2回だからである。

ではなぜ「手の動きが1回なのに足が2回」だと難しいのか。歩行の場面を思い浮かべる。手の振りが1回なのに2歩進むことは難しい。しかし、手の振りが2回で2歩進むのなら簡単である。

手の動きによって足の動きが始まるからである。

私の水泳指導法では**手のかきと呼吸の連携**を最初に行う。平泳ぎやクロールは手のかきがリズムのスタートである。キックはその後である。しかも意識的ではなく、「かきの反動で自然に動く・無意識に動く」ことを大事にする。

バタフライも同じである。

では**1かき2キックのリズム**をどう教えるか。

2かき2キックのリズムでバタフライを捉えてみるのである。

手のリズムに追随して足のリズムが始まるのだから、2かき2キックなら簡単である。ここで**1つ目のかき**をどうするかがポイントになる。本来は必要がない、あるはずのないものだからである。

そこで1つ目のかきをゼロに近づける。ほとんど水をかかないようにする。僅かに水を押さえる程度である。ちょうど10本の指でピアノを軽く弾くぐらいの動きである。推進するのではなくリズムをとることが目的なのである。

すると、この僅かな手の動きに追随して足は勝手にキックを打つようになる。手と同様に小さくである。

2かき目は推進が目的である。腹部下まで水を大きくかいたら、そこから親指を真下に向け腕を真横に水面上に跳ね上げる。ちょうどグライダーの翼のようにである。そして、すぐに腕を前に出し、蹴伸び姿勢をとる。

すると、腕の大きな動きに対して足は勝手にキックを打つようになる。腕と同様大きく、である。

これでバタフライのリズムの完成である。

バタフライと言うとモーターボートのように常に激しく水しぶきを上げているイメージがあるが、そうではない。子供たちには「ゆったりと泳ぎなさい」と指示する。そうすることでフォームが進化していく。

この指示はすべての泳法において共通している。

①手は平泳ぎ、そのかき手のリズムはタ・ターンという2拍子で。

「タ」はゼロに近い弱さ、「ターン」は強く。頭を水面上に出し大きく息継ぎをする。キックはしない。下半身は脱力したまま。

①

② ①のタ・ターンのリズムができれば、次は腕の跳ね上げである。

「ターン」の際、腹部下まで水を大きくかく。腕を真横に開け、**親指を真下に向ける**。息継ぎをした後すぐに蹴伸び姿勢になる。

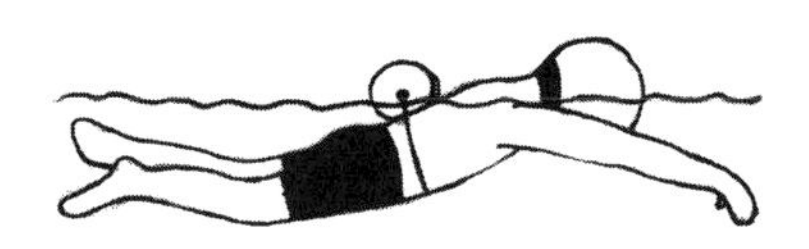

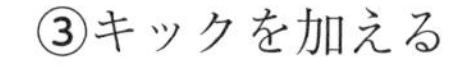

③キックを加える

手の動きによってキックが自然に生まれる。勝手に足が動いたときをキックの起点とする。その後は自分の意思で強弱を調整する。

③

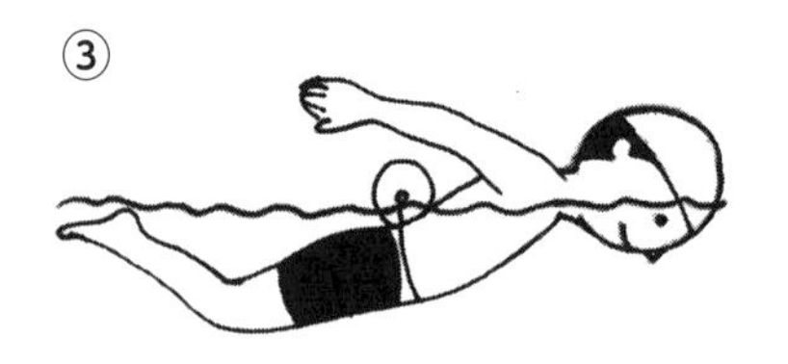

⑫背浮き・ちょうちょう背泳ぎ・背泳ぎ

ちょうちょう背泳ぎはチョウが羽ばたくように水面下で手を大きく動かして進む泳法である。愛知県の鈴木勘三氏の実践である。詳細は『だれでも泳げるようになる水泳指導』（黎明書房）をご覧いただきたい。

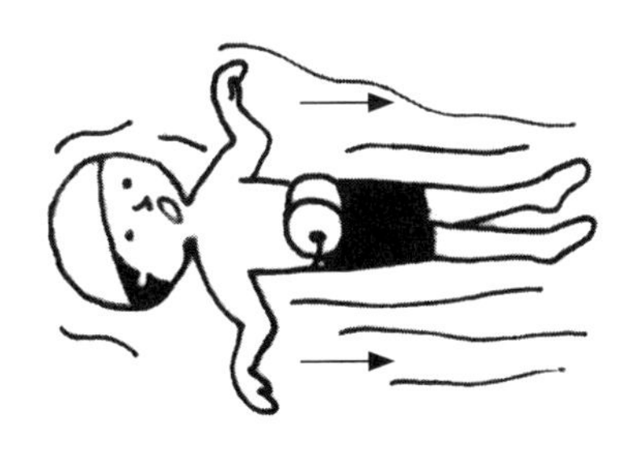

顔を水につけることができないため泳げないという子が数％いる。この子たちは連続だるま浮きの基礎となるだるま浮きができないため、平泳ぎやクロールに指導を進めることができない。低学年「水遊び」の学習をやり直して顔を水につけることができるようにする方法もあるが、**背浮き・ちょうちょう背泳ぎ**という選択肢もある。

背浮き・ちょうちょう背泳ぎは顔を水につけることができない子供たちの指導に威力を発揮する。そして、ちょうちょう背泳ぎが上達していくにつれて、顔を水につけることが平気になっていく。そしてクロール、平泳ぎもできるようになっていくのである。

背浮き・ちょうちょう背泳ぎは顔を水につけることができない子供たちにとって「救世主」である。

本書では連続だるま浮きからスタートする指導を紹介しているが、1コース10人以下程度の少人数でプールをゆったりと使える環境であれば、背浮き・ちょうちょう背泳ぎから開始する指導をお勧めする。効果は絶大である。

①背浮き

背浮きは、大気と口の間を妨げるものがないようにするための姿勢である。全身を脱力すること、自分の体を動かさない静的な状態での**呼吸力（酸素摂取能力）**を高めることを目的とする。

クラス全員を一斉に指導する場合は、子供同士で補助ができるようにしておくことが必要である。

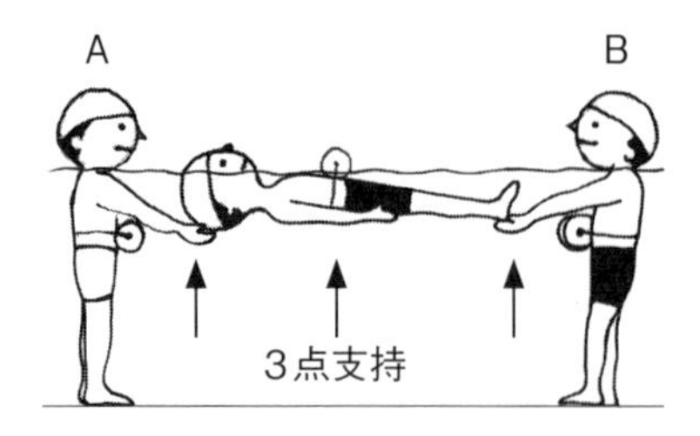

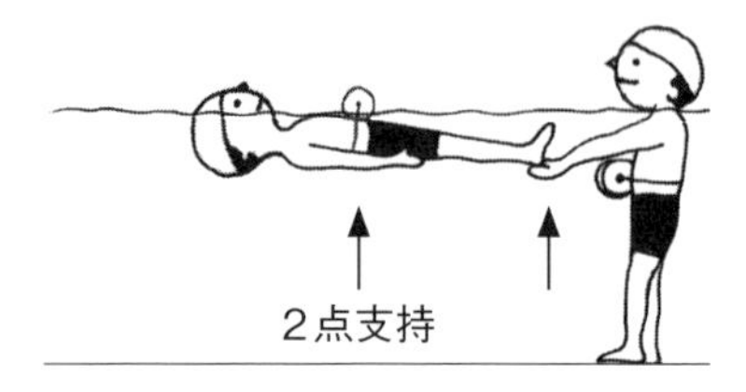

図のように3点支持から始める。「耳をすっぽり沈めなさい」「おへそを水面上に出しなさい」と指示する。3点支持ができるようになったら2点支持へ移行する。2点支持の姿勢を3分間続けられるようになったら、「浮き」の技能と同時に静止した状態での呼吸力（酸素摂取能力）が高まったといってよい。

中には背面姿勢が怖くて浮くことができない子がいる。そんな子には浅いプールで慣らしたり、指導者がだっこしたりする。体が硬くなっている子は首筋と手に症状が現れる。「首をくにゃくにゃしなさい」「手をぶらぶらしなさい」と指示したり、指導者がほぐしてやったりする。そうして楽な呼吸ができることを目指す。なお、水温が高い時の方が呼吸が楽になり背浮きを続けやすい。

発問　背浮きで、頭をどのくらい沈めれば浮きますか？

ア　頭を出す　イ　耳を水面すれすれ　ウ　耳をすっぽりつける

②沈めれば浮くことを知る

子供は頭を沈めることに不安を持っている。そのため頭を上げようとする。ところが頭を上げれば上げるほど浮力が小さくなり、だんだん沈んでいく。そこで「沈めれば浮く」ことに気付かせ、「浮こう」という意識を「沈もう」という意識に変えていく。

スイカを使って図のような発問・実験をすると効果的である。「オーッ」とどよめきが起こる。

　スイカ＝自分の頭、である。**耳をすっぽり沈めて**ようやく浮力が働いてくる。

③背浮きで進む

　背浮きができるようになったら、その姿勢で補助者に引いてもらう。

　自分の体は動かさない静的な状態で水面上を進む感触を体感しながら、呼吸力（酸素摂取能力）を高めるためである。

　プールを1～2往復したら、手の動きを加え呼吸と合わせる。手を上げながらゆっくり息を吸い、下ろしながら息を吐く。ちょうちょう背泳ぎへと移行する動きである。

④ちょうちょう背泳ぎ

手を上げながら、ゆっくりと息を吸う

　呼吸と手の動きを合わせる。キックはしない。

　手を上げながら、ゆっくりと息を吸い、両手を頭上で伸ばしたまま数秒止める。その後、手を下ろしながら、ゆっくりと息を吐く。

手を下ろしながら、ゆっくりと息を吐く

　次頁のグラフはちょうちょう背泳ぎをしている時の呼吸のリズムと肺の中の空気の量を示したものである。このように呼吸を整えていくことで身体がリラックスしていく。

　400mを進めるようになったら、軽く

ちょうちょう背泳ぎの呼吸のリズムと
肺の中の空気の量

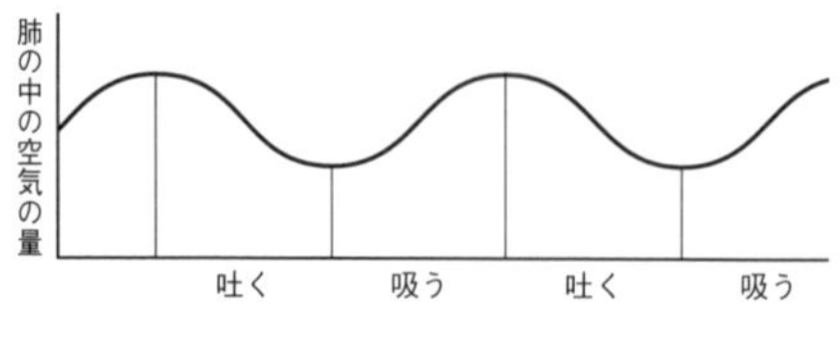

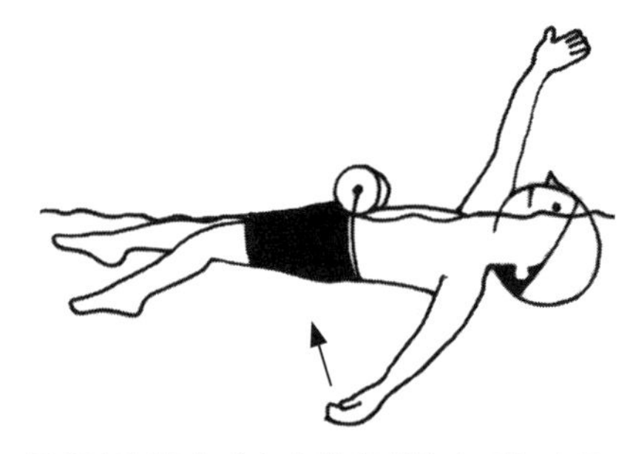

この方向にかくと上半身が沈んでしまう

水面近くを後方に押しやる。
最後はおしりの下に水を押し込む

背泳の呼吸のリズムと肺の中の空気の量

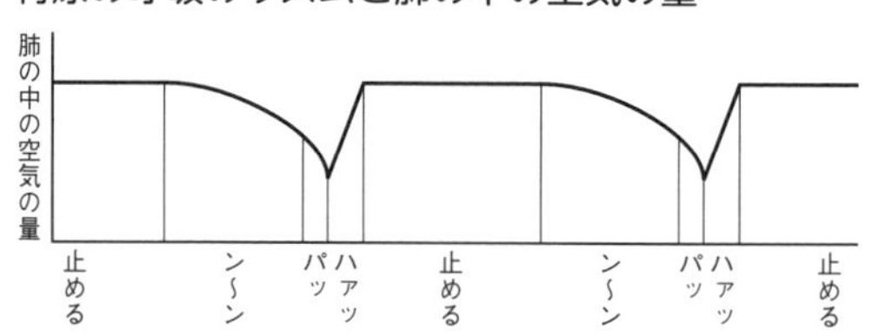

キックを入れていくとよい。

背面姿勢に恐怖心を持っている子には図のように教師が補助・先導しながらプールを5〜10回ほど往復する。「先生の顔を見ながら泳ぎなさい」と声をかけると安心し、リラックスする。

⑤背泳ぎ

ちょうちょう背泳ぎで400mを泳げるようになったら背泳ぎは簡単である。「腕を水面から上げて交互にかきなさい」という指示だけで泳げるようになる。

リズムを整えるためには以下のような指示をする。「ゆったりと泳ぎなさい」「片方の手で呼吸のリズムをとりなさい」「蹴伸び姿勢と同じように片方の手を頭上に伸ばしている時間を長くとりなさい」

なお、呼吸のリズムはグラフのようにちょうちょう背泳ぎとは少し違ってくる。急激に呼吸を行う場面が

グラフ中の言葉の解説
ン〜ン→ 鼻からの呼息
パッ　→ 口からの呼息
ハァッ→ 口からの吸息
止める→ 止息

ある。

フォームを指導することはあまりしないのだが、何も指示しないと水をかくたびに体が沈む子がいる。次のような指示をする。

「水面近くをかきなさい」

「かき手の最後は水をおしりの下に押し込むようにしなさい」

次にキックの指導に入る。意識的な強いキックを打たせない。無意識の足の動きをきっかけにキックを始める。この点はすべての泳法において共通している。クロールと同様次のような指示をする。

足が勝手に動くことを感じたら、それをきっかけにキックを軽く打ちなさい。自分からバシャバシャとキックをしてはいけません。

⑬ちょうちょう背泳ぎが困難な子の指導

連続だるま浮き5分間ができれば必ず数百mを泳げるようになる。

が、中には連続だるま浮き5分間が困難な子もいる。そうした子にはちょうちょう背泳ぎを指導する。いわばちょうちょう背泳ぎは泳法指導において「最後の砦」なのである。

以下、ちょうちょう背泳ぎの指導のポイントを述べる。

ちょうちょう背泳ぎは次の4つの動きが基本である。

①手を頭上に上げながらゆったりと息を吸う。
②バンザイ姿勢のままで息を止める。
③手を下ろしながらゆったりと息を吐く。
④意識的なキックはしない。

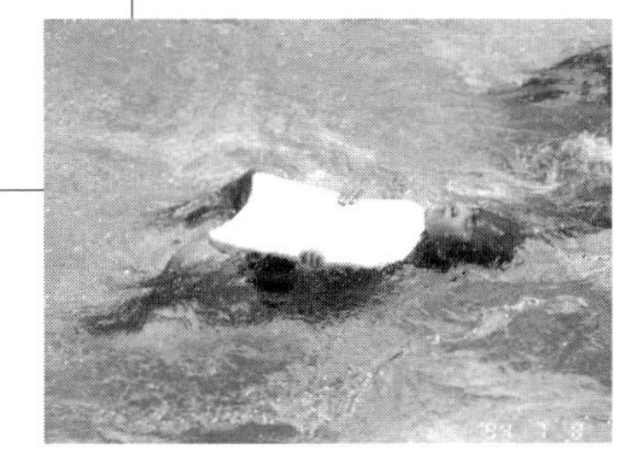

まずは、背面姿勢に慣れることから始める。ビート板を持ち「ラッコ浮き」をする。ライフジャケットも非常によい。(低学年

時にぜひとも経験させておきたい水遊びである)

次に、二人組をつくり子供同士で補助ができるようにしておく。体を伸ばした姿勢で背浮きをする。頭が沈むことには不安が伴うので、そっと柔らかく包み込むように頭を支持する。けっして持ち上げてはいけない。子供同士でうまくできない場合は教師が行う。

この状態でプールを数回往復する。進みながら浮く感覚を味わう。同時に意識的な呼吸を指導する。「ゆったりと吸って〜……止めて〜……ゆったりと吐いて〜」と補助者が声を掛ける。

支持を頭から足に移す。支持のなくなった頭を浮かすには沈めようと意識することがポイントである。が、これが難しいのである。「耳をすっぽり沈めなさい」と指示する。補助者はかかとをそっと手のひらに載せ、支える。持ち上げてはいけない。

足先が水面上に少し出るくらいである。3分間静止できれば合格である。なお、腰が折れ曲がって沈む子には「おへそを水面上に出しなさい」と指示する。ここでも、呼吸を意識的にさせるようにする。

次に、手のかきを加える。ただし、キックはさせない。だらんとしたままである。

手のかきと呼吸のリズムが安定してきたら、補助を外し自力でさせてみる。約400m（20分〜30分）を進めるようになれば合格である。軽いキックをしても大丈夫である。

背面姿勢から姿勢を逆にして、平泳ぎやクロールに移行しても大丈夫である。

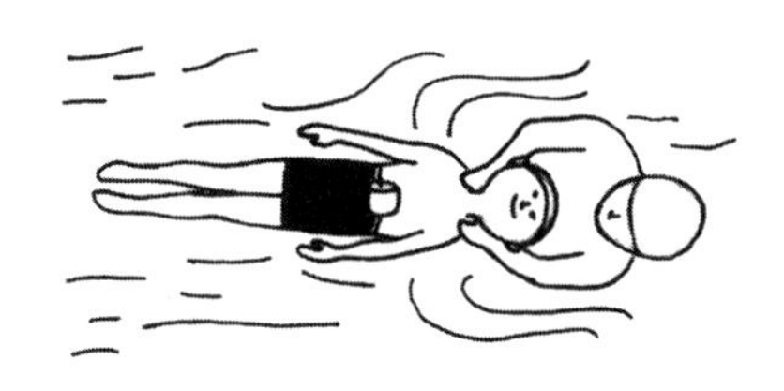

できない子には個別指導が中心となる。しかし最初からではない。

基本的に水泳の授業は一斉指導で行う。泳力別に分けることはしない。最初から、できない子に個別に対応していたのでは全体が前に進まないからである。

一見、泳力別指導は効果的であるように思われがちであるが、非常に効率が悪いのである。全体を進める中で、できない子も次第にできるようになってくるのである。それでもできない子に対してのみ、授業後に個別指導を行うようにしている。

私の場合、できなかった数人をプールに残すようにし、他の子の指導は隣のクラスの先生にお願いしていた。波立たない静かなプールを広々と使えるので、指導が非常にやりやすいのである。毎時間、5分程度の個別指導をしていた。

できない子に対し、いろいろな言葉掛けがあるが、もっとも大事なことは、泳げない子をいとおしいと思う気持ちである。水に対し不安や恐怖心を持っていることに共感することである。指導方法は重要である。それによって効果がまるっきり違ってくるのであるが、そうだとしても、けっして指導方法に固執してはならない。

また、個別指導と言うと、手取り足取りの指導をイメージするかもしれない。確かに有効ではあるが、手取り足取りして補助するだけではいけない。

病気に例えるなら、自己の身体を客観視（診断）させ、自分で治療できるようにさせるのである。

そのため、「診断の視点」と「治療の方法」は教える。ただし、すぐに教えるのではなく、一度考えさせる。

互いに観察させ、どうしてできないか、どうしたらうまくできるかを考えさせるとよい。正解が出なくてよいのである。疑問を持たせることが大事なのである。その後、教える。

例えば背浮きができない症状として、腰が折れ曲がっていること、頭を持ち上げようとしていること、緊張で首や指先が硬直していること等その時の身体の特徴を教える。「診断の視点」がわかれば、子供でも治療法は案外わかるものである。

ただし、

キックをせずに、ゆったりと呼吸し、息を止める

ことだけは気が付かない。実はこれがちょうちょう背泳ぎの「隠し味」なのである。

平泳ぎにしてもクロールにしてもバタフライにしても、不思議と

ゆったりとしたリズム

に子供は気が付かない。教師がはっきりと教えねばならない。

以上のような手を打っても、ちょうちょう背泳ぎの習得が、困難な子に対しては教師が先導しながらリズムを教えるようにする。

①子供の肘あたりを持ち「吸って〜」と声を掛ける。頭の方向に引き上げてやる。
②子供がバンザイの姿勢になったら手首を持ち「止めて〜」と声を掛ける。
③「吐いて〜」と声を掛け、腕を下に下ろしながら水をかくようにサ

イン を送る。

同時に、背浮き姿勢を矯正する。腰が沈めば腰を下から押してやる。頭を上げすぎる時は額を押さえてやる。これをプール3往復～10往復繰り返す。すると子供が「リズムを覚えたな」と感じるときが来る。

後は身体を支えるような補助は一切せず、声だけを掛けてやる。2、3往復する内に自力で25mをクリアするようになる。

2012年に泳げない子の水泳教室で指導した知的障がいを持つ5年生男子。指示の言葉を理解することが困難だった。そのため上記の方法で行った。20分ほどの指導で50mを泳いだ。

ただ、翌日には白紙に戻っていたと言う。リズムが定着するまでは同様の指導を繰り返すことが必要である。

6 場づくり、発問・指示

万能型プログラム「第1日目」の発問・指示である。

(対象学年:小学3～6年)

❶場づくり

1日目は特に重要である。この1日目でシーズンの効果が決まると言っても過言ではない。次のような事柄を指導する。

○いつ・どこで・何をするかといった動きと隊形(授業の前後、プール外も含む)

例:集合隊形、準備運動の隊形、プールサイドで説明を聞く隊形、プール中で説明を聞く隊形

○準備する物

○集合・注目の合図

○プールの使用上の注意

例：○○をすれば大けがや事故につながる。

なお、指導に当たっては、できるだけ事前に教室で行う。現地（プール）では指導したことが浸透しているか確認するくらいの方がよい。時間を節約し、水に入る時間をできるだけ長く確保するためでもある。

①グループ編成

2人1組を決める。バディシステムである。基本的にこの組み合わせは水泳の全授業が終了するまで変更しない。ただし体調不良などで見学者がいる場合は3人組にしたり、相手がいない子同士で臨時のバディにしたりする。

プールサイドに上がったときは手を組んだりハイタッチをしたりして必ず隣（前後）に並ぶようにする。

次にバディを3組合体し6人編成の班をつくる。6人編成だと2人で協力する場合、3人で協力する場合、それぞれに容易に組み合わせの変更ができるからである。

班で練習する際、互いに声を掛け合ってアドバイスや応援をしたりすることは非常に効果的であり子供たちの人間関係づくりにも寄与する。

※バディシステム［buddy system］……〔バディは仲間の意〕海浜実習などでの安全管理法の一。常に二人が組になって、互いに助け合いながら行動し、事故を防ぐもの。（三省堂 大辞林より）

指導者はバディと班の組み合わせの基準を事前に決めておく。そして、構成メンバーも決めておく。例えばプールは中央が深くなっていることが多いので、身長の高さを基準にしたり、泳力の高い子と苦手な子をバディにしたりする。

②集合場所、練習場所

当然のことだが水泳の授業は水中である。集合するだけで時間がかかる。

集合場所とグループ別に練習場所を決めておくことによって子供たちの移動がスムーズになり少しでもロスをなくすことができる。プールサイド、プール内、それぞれ効率的な場所を決めておく。

③ルール

プールでは**指示が明確に子供たちに伝わるかどうか**で授業の成否が決まる。指示が明確に伝わるようなルールを決めておく。私は「ルール」という言葉より「おきて」という言葉を使っている。子供の守ろうとする意識が違ってくるからである。

次のようなおきてである。

> ○ホイッスル3回（ピッ・ピッ・ピィーッ）
> 　指示や説明がある。その場で先生におへそを向ける。
> ○ホイッスル2回（ピッ・ピィーッ）
> 　プールサイドの決められた場所に集まる。

これ以外にも「プールサイドを走らない。走ると滑り頭を打ちやすい」ということをルールとして指導する。

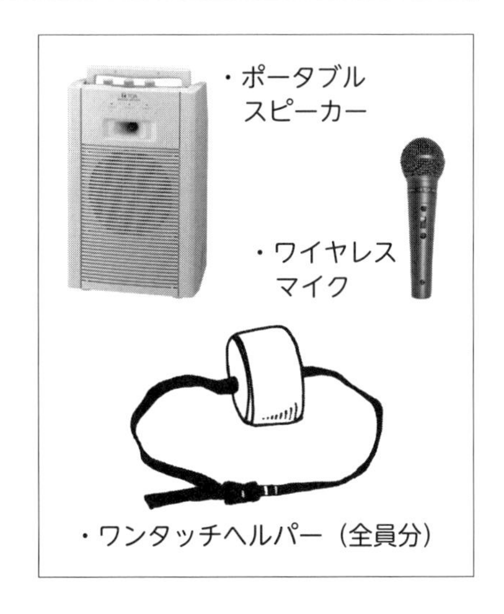

④準備物

プールサイドは教師の声が届きにくい。発問・指示・説明を子供たちに確実に伝えるために音響機器を用意する。

⑤更衣・プールへ移動

水泳の授業はプールがスタート地点

ではない。教室である。それも前時の授業の終了と同時にである。
中学生や高校生なら「更衣してプールに集合しなさい」で済むが、小学生はそうはいかない。更衣の前にトイレを済ますこと、脱衣した衣服の畳み方・置き場所、プールへの移動の仕方など指導することが事細かくある。

前時の授業が終わる。本時の学習カードを配布する。学習カードに日時、天候、氏名などを記入させた後、机上に置かせる。(第1章第7節参照)
そして水泳の授業が終わり教室に戻れば自席に置いてある学習カードに記録や感想を書くことを指示しておく。

1日目		
メニュー	回数	分
集合・整列、ねらい・プールのルール・スケジュールの説明		6
2人1組(バディ)になる		2
準備体操		3
水慣れ(シャワー、水中歩行)		10
落水体験：立ち飛び込み(前向き)	5回	5
ヘルパーの装着方法を知る		4
落水後浮かび上がる場面を想定：だるま浮き	10秒×5	3
ボビング(止息・呼息・吸息)	10回×5	3
落水後呼吸を続ける場面を想定：連続だるま浮き	10回×5	3
手を伸ばした連続だるま浮き	12m×3	10
足も伸ばした連続だるま浮き=クラゲ足平泳ぎ	12m×3	10
休憩・移動		6
記録に挑戦 泳法：キックをしない平泳ぎ(ヘルパーあり) (=クラゲ足平泳ぎ) 推進力はそれほどない。浮いたり沈んだりしながらゆっくりと進んでいるイメージである		20
記録の確認・評価		5

計　90分

(教室で「水泳記録カード」に記入)

❷発問・指示

プールサイドに集合する。水泳授業のねらい、スケジュール、プールでのルールなどを説明する。

①集合・整列、ねらい・プールのルール・スケジュールの説明

□これから水泳の授業を始めます。「お願いします」のあいさつをしましょう。
□プールのおきてを言います。ピッ・ピッ・ピィーッとホイッスルが3回なったら口を閉じて先生におへそを向けます。大事な指示や説明をします。
□誰かに、もう一度言ってもらいます。○○君、どうぞ。
□水泳の学習のねらいは3つあります。
1つ目は水の事故に遭っても命を

守ることのできる技能や知識を身に付けることです。

2つ目は魚やイルカのように水中をスイスイ泳げるようになったり、自由自在に体を前や後ろ、左右に回転できるようになることです。4年生は400m（5年生は500m、6年生600m）以上を目指しましょう。

3つ目は友達と協力して学習することです。

授業の回数や、最終授業の予定などスケジュールの説明。 ※見通しを持たせること。

②2人1組（バディ）になる

あらかじめバディや班を決めておく。

□バディになって決められた場所に並びなさい。

□バディの確認をします。手をつないだバディから座りなさい。

□水泳の授業ではプールサイドに上がるといつもこうします。溺れている友達がいないか確かめるためです。

□また、お互いの体調にも気をつけます。例えば唇が紫色になっていれば体が冷えているサインです。本人や先生に伝えなさい。

③準備体操

□準備体操をします。広がりなさい。

手首、足首、屈伸、首の回転などの準備運動を2、3分程度。

④水慣れ（シャワー、水中歩行）

□（シャワー前で）軽く胸をとんとんとたたきながら、ゆっくりと10数えながらシャワーを浴びましょう。浴びたバディからヘルパーを準備しプールサイドに整列して待ちます。ヘルパーは列の後方に置いておきます。

シャワー。

□次は水の中に入ります。体を水に慣らします。

　前列の人から始めます。後列の人は座りなさい。

□静かにプールサイドに腰をかけて足をつけましょう。
□腕をぬらしましょう。
□頭をぬらしましょう。
□胸とおなかをぬらしましょう。
□静かにプールに入りなさい。
□頭のてっぺんまで水につけましょう。
□プールから上がりなさい。

後列、交代して繰り返す。

⑤落水体験：立ち飛び込み（前向き）

□これから**川や海に不意に落ちたときをイメージしてプールに落ちる練習をします。**この体験をたくさんしておくと本当に落水したときに慌てずにすみます。

　足から飛び込みます。プールの端にしっかり足の指をかけて足からどぼんと入ります。頭から飛び込んではいけません。底に頭を打って首の骨を折ることがあります。また、走ってはいけません。滑って頭を打つことがあります。大変危険です。

□笛の合図で飛び込みます。

代表の子が飛び込む様子を観察。イメージを持つ。

　5回終わったらプールから上がって座って待ちなさい。

立ち飛び込み5回。終わったら交代。

⑥ヘルパーの装着方法を知る

ワンタッチヘルパーの外し方、留め方、長さの調整の方法を知る。各自、ヘルパーを腰につける。

⑦落水後、浮かび上がる場面を想定：だるま浮き

□前列の人は静かに水に入りなさい。

1日目		
メニュー	回数	分
集合・整列、ねらい・プールのルール・スケジュールの説明		6
2人1組(バディ)になる		2
準備体操		3
水慣れ(シャワー、水中歩行)		10
落水体験：立ち飛び込み(前向き)	5回	5
ヘルパーの装着方法を知る		4
落水後浮かび上がる場面を想定：だるま浮き	10秒×5	3
ボビング(止息・呼息・吸息)	10回×5	3
落水後呼吸を続ける場面を想定：連続だるま浮き	10回×5	3
手を伸ばした連続だるま浮き	12m×3	10
足も伸ばした連続だるま浮き＝クラゲ足平泳ぎ	12m×3	10
休憩・移動		6
記録に挑戦 泳法：キックをしない平泳ぎ(ヘルパーあり)(＝クラゲ足平泳ぎ) 推進力はそれほどない。浮いたり沈んだりしながらゆっくりと進んでいるイメージである		20
記録の確認・評価		5
	計	90分

(教室で「水泳記録カード」に記入)

□次はだるま浮き10秒に挑戦します。**不意に池や川に落ちたときはダンゴムシになります。すると背中がポッカリと浮いてきます。このように自然に浮かび上がってくる姿勢をとることが大事なのです。**

この時、息は止めておきましょう。でも、できる人は鼻から少しずつ息を出していきましょう。

□ようい、ピッ（笛）。

しばらく様子をみる。

□浮かんだ人は手を挙げなさい。

□みんな上手にできたので、だるま浮きを10秒します。10秒たったら笛を鳴らします。一度立ち上がります。これを4回します。

□ようい、ピッ（笛）。

□では、交代です。後列の人は入りなさい。

交代して、繰り返す。

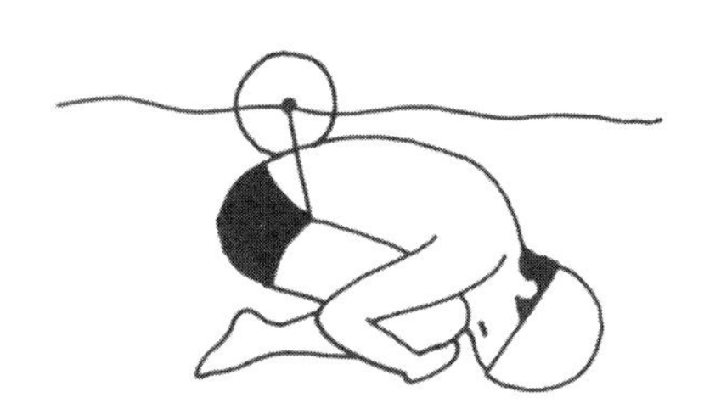

⑧ボビング（止息・呼息・吸息）

□**水の中でしゃがんだり、立ったりしながら呼吸**をします。まずしゃがむことから始めます。

□前列の人は静かにプールに入りなさい。

□今から10秒間プールに顔をつけます。しっかり頭のてっぺんまで水に入るといいですね。

□後ろの列の人は、バディの人ができたかどうか見てあげましょう。

□ようい、ピッ（笛）。

笛で10秒をカウントする。

□できた人は手を挙げましょう。

□次は、水中で呼息します。顔をつけたときに、水の中で**「ン〜ン」と言ってみましょう。そしたら、鼻から泡が出ます。**バディの人が泡が出ているかどうか、見てあげてくださいね。

□ようい、ピッ（笛）。

□バディの人が泡が出ていた人は手を挙げましょう。

□たくさんの人ができましたね。

□でも、「ン〜ン」というと、息が苦しくなりますね。次は水から顔を出したときに口の周りの水を吹き飛ばすように残っている息を「パッ」と全部吐き出しなさい。すると、勝手に空気が「ハァッ」と体の中に入ってきます。「ン〜ン・パッ・ハァッ」です。

□バディの人の「パッ」と言う声が聞こえるかどうか、しっかり聞いていてくださいね。

□ようい、ピッ（笛）。

□次は、「ン〜ン・パッ・ハァッ」を何回も続けます。「ン〜ン・パッ・ハァッ」「ン〜ン・パッ・ハァッ」「ン〜ン・パッ・ハァッ」のリズムです。笛に合わせてやりましょう。

10回ほどする。

□これをボビングと言います。声に出して言ってごらん。**ボビングは水に落ちたとき、息を続けるための基礎になる技術です。**

□交代しなさい。

交代して繰り返し。

⑨落水後呼吸を続ける場面を想定：連続だるま浮き

□先ほどのだるま浮きとボビングをミックスします。

□前列の人は静かに水に入りなさい。

□だるま浮きをしながら、さっきの「ン～ン」で鼻から息を出します。すると苦しくなってきますね。そうしたら、手で水を押さえて顔を上げ「パッ」と残りの息を全部吐きます。すると、勝手に息が「ハァッ」と体の中に入ってきます。そうしたらダンゴムシになって思いっ切り沈みます。3～4秒ほどで浮かんできます。背中がぽっかり浮かんだら、手で水を押さえて顔を上げます。手と呼吸のリズムを合わすのです。

□先生がやりますから、見ていてください。

やってみせる。(事前にDVDを見せておいてもよい)

1日目		
メニュー	回数	分
集合・整列、ねらい・プールのルール・スケジュールの説明		6
2人1組(バディ)になる		2
準備体操		3
水慣れ(シャワー、水中歩行)		10
落水体験：立ち飛び込み(前向き)	5回	5
ヘルパーの装着方法を知る		4
落水後浮かび上がる場面を想定：だるま浮き	10秒×5	3
ボビング(止息・呼息・吸息)	10回×5	3
落水後呼吸を続ける場面を想定：連続だるま浮き	10回×5	3
手を伸ばした連続だるま浮き	12m×3	10
足も伸ばした連続だるま浮き＝クラゲ足平泳ぎ	12m×3	10
休憩・移動		6
記録に挑戦 泳法：キックをしない平泳ぎ(ヘルパーあり) (＝クラゲ足平泳ぎ) 推進力はそれほどない。浮いたり沈んだりしながらゆっくりと進んでいるイメージである		20
記録の確認・評価		5

計　90分

(教室で「水泳記録カード」に記入)

□これを「**連続だるま浮き**」と言います。だるま浮きを連続して行うからこの名前が付いています。まずは連続10回を目標にします。10回連続でできたら手を挙げます。バディの人は数を数えてあげます。

□1セット目を始めます。ようい、ピッ（笛）。

□2セット目。ようい、ピッ（笛）。

連続だるま浮き10回を計5セット。

□ピィーッ（長い笛）。では、交代です。後列の人は静かに水に入りなさい。

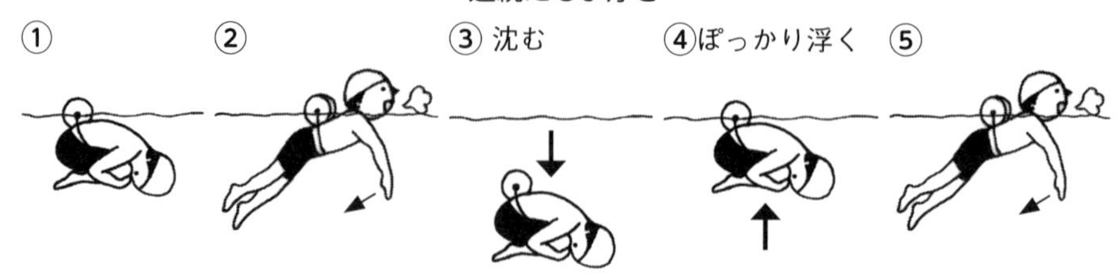

繰り返し。

□ピッ・ピッ・ピィーッ（長い笛)。上に上がりなさい。

□連続だるま浮きが5分間できると不意に落水したとき命を守ることができます。次回から5分間に挑戦します。これを「連続だるま浮きサバイバル」と呼びます。サバイバルとは危機から生き残るという意味です。

⑩手を伸ばした連続だるま浮き

□○○さんと○○さんは連続だるま浮きがとても上手でした。みんなの前でやってみてください。

　数名の子に連続だるま浮きをさせる。

□とても上手にできていましたね。拍手をしましょう。

□では、○○さんと○○さん、だるま浮きをしたときに、手を伸ばしたまま顔をつけてください。後は同じです。「ン～ン・パッ」と吐き切ります。水を手で押さえるのと「パッ」を同時にします。ではやってみましょう。

同じ子供にやってみさせる。

□ありがとう。今2人とも少し前に進みましたね。手を伸ばすと前に進みます。おもしろいですね。

□みなさんもやってみましょう。連続10回できたらすごいですね。

決められた場所でしばらく練習する。
その場で注目させる。ホイッスル3回（ピッ・ピッ・ピィーッ）。

□手をどう動かしたらもっとよく進むでしょう。（一度子供たちに考えさせた上で教える）

⑴水を下に押すより横にかいた方がよく進む。
⑵最後までかかない。半分だけかき、顔の前で両手を槍のように合わせてすっと伸ばす。
⑶4秒伸ばしたままにしておく。連続だるま浮きの際の浮かび上がってくる時間と同じ。

しばらく練習する。

1日目		
メニュー	回数	分
集合・整列、ねらい・プールのルール・スケジュールの説明		6
2人1組（バディ）になる		2
準備体操		3
水慣れ（シャワー、水中歩行）		10
落水体験：立ち飛び込み（前向き）	5回	5
ヘルパーの装着方法を知る		4
落水後浮かび上がる場面を想定：だるま浮き	10秒×5	3
ボビング（止息・呼息・吸息）	10回×5	3
落水後呼吸を続ける場面を想定：連続だるま浮き	10回×5	3
手を伸ばした連続だるま浮き	12m×3	10
足も伸ばした連続だるま浮き＝クラゲ足平泳ぎ	12m×3	10
休憩・移動		6
記録に挑戦 泳法：キックをしない平泳ぎ（ヘルパーあり） （＝クラゲ足平泳ぎ） 推進力はそれほどない。浮いたり沈んだりしながらゆっくりと進んでいるイメージである		20
記録の確認・評価		5

計　90分

（教室で「水泳記録カード」に記入）

□ピッ・ピィーッ（長い笛）。上に上がりなさい。
□プールを横に使います。前の人が5mの線を越えたら次の人が進みます。向こうへ着いたらプールサイドに上がりスタート地点に戻ります。一方通行で練習です。

⑪足も伸ばした連続だるま浮き＝クラゲ足平泳ぎ

□連続だるま浮きの手を伸ばしました。次は足も伸ばしてみましょう。キックはしません。クラゲのようにダランとです。
□先ほどと同じようにプールを横に使って練習です。スタート地点に戻ります。一方通行で練習です。

しばらく練習する。

□ピッ・ピィーッ（長い笛）。上に上がりなさい。バディで座りなさい。
□実は、この**手も足も伸ばした連続だるま浮き**は別名「**クラゲ足平泳ぎ**」といいます。手は平泳ぎと同じ、足はクラゲのようにダランとしているからです。休憩した後、これで何ｍ進めるか自分の記録に挑戦してみましょう。

⑫休憩・移動

⑬記録に挑戦

□自分の記録に挑戦します。何ｍ泳げるか自己新記録を出しましょう。
　泳法は今のクラゲ足平泳ぎです。途中で足がついてしまったら、0ｍから再挑戦です。
　時間は20分です。この時間内で何度でも挑戦してかまいません。「もうだめだ、ギブアップ」と思ったら水から上がります。

泳力テスト。

⑭記録の確認・評価

□初めて25ｍ以上泳げた人は立ちましょう。みんなで拍手をしましょう。
□これで今日の授業を終わります。みんながいたから泳げるようになったのです。あいさつをしましょう。「ありがとうございました」。着替えが済み教室に帰ったら学習カードに記入します。

⑮教室で学習カードに記入

7 意欲と視点を持たせる学習カード

「命を守る水泳」学習カードは万能型プログラムに合わせて作成したものである。（第１章第４節で紹介した授業で実際に使用したものに「背浮き・ち

ょうちょう背泳ぎ」バージョンを付している)

次のようなねらいがある。

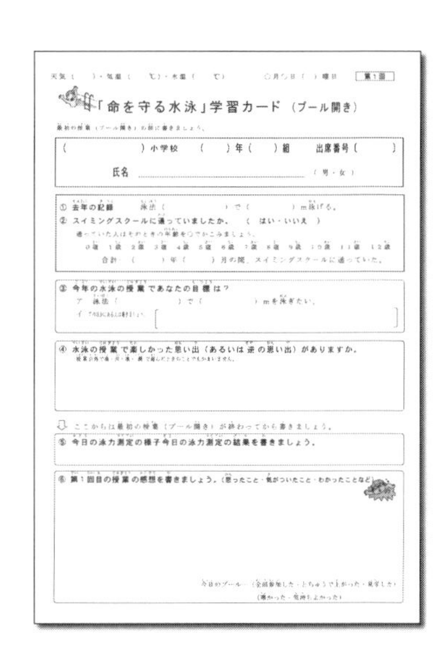
天気（　）・気温（　℃）・水温（　℃）　○月○日（　）曜日　第1回

「命を守る水泳」学習カード（プール開き）

最初の授業（プール開き）の前に書きましょう。

（　　）小学校　（　）年（　）組　出席番号（　）
氏名　　　　（男・女）

① 去年の記録　泳法（　）で（　）m泳げる。
② スイミングスクールに通っていましたか。（はい・いいえ）
通っていた人はそのときの年齢を○でかこみましょう。
0歳 1歳 2歳 3歳 4歳 5歳 6歳 7歳 8歳 9歳 10歳 11歳 12歳
合計（　）年（　）月の間、スイミングスクールに通っていた。

③ 今年の水泳の授業であなたの目標は？
ア　泳法（　）で（　）mを泳ぎたい。
イ

④ 水泳の授業で楽しかった思い出（あるいは逆の思い出）がありますか。

ここからは最初の授業（プール開き）が終わってから書きましょう。

⑤ 今日の泳力測定の様子今日の泳力測定の結果を書きましょう。

⑥ 第1回目の授業の感想を書きましょう。（思ったこと・気がついたこと・わかったことなど）

❶学習の目的を明確にするため

水泳の授業に対する子供たち一人一人の思いは別々である。水遊びが楽しみの子もいれば、25mを泳ぐことを目標にしている子もいる。教師もそうである。25mでよしとする教師もいればそうじゃない教師もいる。

指導者は「何のための」学習であるかを明確にしておく必要がある。カード名を「『命を守る水泳』学習カード」としたのはそのためである。

❷カルテ・問診票として

泳げない場合、そこには原因がある。主に技術面に関わることだが、呼吸の苦しさなどは本人でないとわからない。また過去の水に関わる体験やそれによって生じたトラウマなど心の中のことは本人に訊かないとわからないことである。

スイミングスクールに何歳から通っていたかなど、その子の水泳学習歴を把握したり、水に対するその子の過去の体験や感情を把握したりするためである。

❸テクニカルポイントを理解するため

動きを分析的に観る視点（＝テクニカルポイント）を持っていることで効率的に技能の向上を図ることができる。指導する教師だけでなく指導される子供たちも同様である。

テクニカルポイントを理解させるため、そしてテクニカルポイントをクリアできているかどうかを把握するためである。

❹データ収集のため

教師が指導をしながら一人一人のデータを記録することは困難である。プールではいつ事故が発生するかわからない。個を見ながらも常に全体を把握しておかねばならないからである。そこで学習カードへの記入は本人にさせる。自己申告である。自己申告なので客観性に欠け正確ではないのでは、と心配する向きもある。確かに細部を見れば正確性に欠けるところがあるかもしれない。しかし、できない原因を探るためという目的を考えるならば100点の正確性がなくとも80、90点であっても十分に目的を達成できる。

なお、データは量が勝負である。数人のデータより何十人何百人のデータの方が原因究明に役立つ。

❺いつ書くのか

プールサイドは濡れやすいため「書く」という作業をなかなかさせにくいものである。いつ、どこで書かせるかということが問題になる。

授業前に教室で配布し、各自の机の上に筆箱と一緒に置かせておく。

こうしておくと、授業後プールから教室に帰った子は自然に書くようになる。

天気（　　）・気温（　　℃）・水温（　　℃）　　○月○日（　）曜日　　第１回

「命を守る水泳」学習カード（プール開き）

最初の授業（プール開き）の前に書きましょう。

（　　　　　　）小学校　（　　）年（　　）組　出席番号〔　　　〕

氏名 ＿＿＿＿＿＿＿＿＿＿＿＿＿＿（男・女）

① 去年の記録　泳法（　　　　　）で（　　　）m泳げる。

② スイミングスクールに通っていましたか。（はい・いいえ）

通っていた人はそのときの年齢を○でかこみましょう。

０歳　１歳　２歳　３歳　４歳　５歳　６歳　７歳　８歳　９歳　１０歳　１１歳　１２歳

合計…（　　）年（　　）月の間、スイミングスクールに通っていた。

③ 今年の水泳の授業であなたの目標は？

ア　泳法（　　　　　）で（　　　　）mを泳ぎたい。

イ　アのほかにある人は書きましょう。〔　　　　　　　　〕

④ 水泳の授業で楽しかった思い出（あるいは逆の思い出）がありますか。

授業以外で海・川・池・湖で遊んだときのことでもかまいません。

⇩ ここからは最初の授業（プール開き）が終わってから書きましょう。

⑤ 今日の泳力測定の様子今日の泳力測定の結果を書きましょう。

⑥ 第１回目の授業の感想を書きましょう。（思ったこと・気がついたこと・わかったことなど）

今日のプール…（全部参加した・とちゅうで上がった・見学した）

（寒かった・気持ちよかった）

天気（　　）・気温（　　℃）・水温（　　℃）　　○月○日（　）曜日　**第2回**

（万能型プログラム1日目）

「命を守る水泳」学習カード（連続だるま浮き）

（　　　　　）小学校　（　　）年（　　）組　出席番号〔　　　〕

氏名 ＿＿＿＿＿＿＿＿＿＿＿＿＿＿＿＿ （男・女）

※ ○で囲んだり、数をかいたりしましょう。

① だるま浮き

ア　背中を丸めることが（できた・できなかった）。

イ　１０秒間息を止めることが（できた・できなかった）。

② ボビング

ア　しゃがんで３秒間待つことが（できた・できなかった）。

イ　「シーン・パッ・ハアッ」が（鼻から吐く・口から吐く・口から吸う）（できた・できなかった）。

③ 浮沈力をつけよう（＝連続だるま浮き）

ア　回数…１０回中、続けて（　　）回できた。

イ　サバイバル5分間…最後まで（できた・できなかった）。（　　）回、足をついた。

ウ　リズム…背中がぽっかり浮くまで待つことが（できた・できなかった）。

エ　手のかき…（1回でできた　・　ちょこちょこっと何回もかいた）

オ　呼吸…鼻から息を出すことが（楽だった・ちょっと苦しかった・とっても苦しかった）

④ 今日の泳力測定の様子

泳法…（連続だるま浮きで体をのばし、浮いたり沈んだりしながら泳ぐ。）＝クラゲ足平泳ぎ

距離…２５ｍ ×（　　）回 ＝（　　　）ｍ

⑤ 第２回目の授業の感想を書きましょう。（思ったこと・気がついたこと・わかったことなど）

友達のことも書いてみましょう。

今日のプール…（全部参加した・とちゅうで上がった・見学した）

（寒かった・気持ちよかった）

天気（　　）・気温（　　℃）・水温（　　℃）　　○月○日（　）曜日　第3回

（万能型プログラム2日目）

「命を守る水泳」学習カード（クラゲ足平泳ぎ）

（　　　　　　）小学校　（　　）年（　　）組　出席番号〔　　　〕

氏名 ＿＿＿＿＿＿＿＿＿＿＿＿＿＿＿＿（男・女）

※ ○で囲んだり、数をかいたりしましょう。

① だるま浮き

ア　背中を丸めることが（できた・できなかった）。

イ　10秒間息を止めることが（できた・できなかった）。

② ボビング

ア　しゃがんで3秒間待つことが（できた・できなかった）。

イ　「シーン・パッ・ハアッ」が（鼻から吐く・口から吐く・口から吸う）（できた・できなかった）。

③ 浮沈力をつけよう（＝連続だるま浮き）

ア　回数…10回中、続けて（　　）回できた。

イ　サバイバル5分間…最後まで（できた・できなかった）。（　　）回、足をついた。

ウ　リズム…背中がぽっかり浮くまで待つことが（できた・できなかった）。

エ　手のかき…（1回でできた　・　ちょこちょこっと何回もかいた）

オ　呼吸…鼻から息を出すことが（楽だった・ちょっと苦しかった・とっても苦しかった）

③ 今日の泳力測定の様子

ア　泳法…クラゲ足平泳ぎ

イ　リズム…連続だるま浮きと同じようにゆったりとしたリズムで泳ぐことが（できた・できなかった）。

ウ　距離…25m ×（　　）回 ＝（　　　）m

④ 第3回目の授業の感想を書きましょう。（思ったこと・気がついたこと・わかったことなど）

友達のことも書いてみましょう。

今日のプール…（全部参加した・とちゅうで上がった・見学した）

（寒かった・気持ちよかった）

天気（　　）・気温（　　℃）・水温（　　℃）　　○月○日（　）曜日　**第４回**

（万能型プログラム３日目）

「命を守る水泳」学習カード（平泳ぎ）

（　　　　　　　）小学校　（　　）年（　　）組　出席番号〔　　　〕

氏名 ＿＿＿＿＿＿＿＿＿＿＿＿＿＿＿＿（男・女）

※ ○で囲んだり、数をかいたりしましょう。

① 浮沈力をつけよう（＝連続だるま浮き）

ア **回数**…１０回中、続けて（　　）回できた。

イ **サバイバル5分間**…最後まで（できた・できなかった）。
（　　）回、足をついた。

ウ **リズム**…背中がぽっかり浮くまで待つことが（できた・できなかった）。

エ **手のかき**…（１回でできた　・　ちょこちょこっと何回もかいた）

オ **呼吸**…鼻から息を出すことが（楽だった・ちょっと苦しかった・とっても苦しかった）

② 今日の泳力測定の様子

ア **泳法**… 平泳ぎ　（ヘルパーなし・ヘルパーあり）

イ **リズム**…ゆったりと泳ぐことが（できた・できなかった）。

ウ 手のかきに**合わせて**息をすることが（できた・できなかった）。

エ **呼吸**…鼻から息を出すことが（楽だった・ちょっと苦しかった・とっても苦しかった）

オ **キック**…手をかいた後、かかとが勝手に動くことを（感じた・感じなかった）

カ **けのび**のときに、耳をすっぽり沈めることが（できた・できなかった）。

キ **距離**…２５ｍ ×（　　）回　＝　（　　　　）ｍ

③ 第４回目の授業の感想を書きましょう。（思ったこと・気がついたこと・わかったことなど）
友達のことも書いてみましょう。

今日のプール…（全部参加した・とちゅうで上がった・見学した）
（寒かった・気持ちよかった）

天気（　　）・気温（　　℃）・水温（　　℃）　　○月○日（　）曜日　　第５回

「命を守る水泳」学習カード（クロール）

（　　　　　　）小学校　（　）年（　）組　出席番号〔　　〕

氏名 ＿＿＿＿＿＿＿＿＿＿＿＿＿＿＿＿（男・女）

※　○で囲んだり、数をかいたりしましょう。

①　浮沈力をつけよう（＝連続だるま浮き）

ア　回数…１０回中、続けて（　　）回できた。

イ　サバイバル5分間…最後まで（できた・できなかった）。
（　）回、足をついた。

ウ　リズム…背中がぽっかり浮くまで待つことが（できた・できなかった）。

エ　手のかき…（１回でできた　・　ちょこちょこっと何回もかいた）

オ　呼吸…鼻から息を出すことが（楽だった・ちょっと苦しかった・とっても苦しかった）

②　今日の泳力測定の様子

ア　泳法…　クロール（ヘルパーなし・ヘルパーあり）

イ　リズム…ゆったりと泳ぐことが（できた・できなかった）。

ウ　息継ぎ…（どちらか片方の）手のかきと呼吸を合わすことが（できた・できなかった）。

エ　呼吸…鼻から息を出すことが（楽だった・ちょっと苦しかった・とっても苦しかった）。

オ　キック…手をかいた後、足が勝手に動くことを（感じた・感じなかった）。

オ　けのびのときに、耳をすっぽり沈めることが（できた・できなかった）。

カ　息つぎのときにどこを見ましたか。（前・横・ななめ後ろ・上）

キ　距離…２５ｍ ×（　　）回　＝　（　　　）ｍ

③　第５回目の授業の感想を書きましょう。（思ったこと・気がついたこと・わかったことなど）

友達のことも書いてみましょう。

今日のプール…（全部参加した・とちゅうで上がった・見学した）
（寒かった・気持ちよかった）

天気（　　）・気温（　　℃）・水温（　　℃）　　○月○日（　）曜日　**第（　）回**

「命を守る水泳」学習カード（背浮き・ちょうちょう背泳ぎ）

（　　　　　　　）小学校　（　　）年（　　）組　出席番号〔　　　〕

氏名 ＿＿＿＿＿＿＿＿＿＿＿＿＿＿＿＿（男・女）

※ ○で囲んだり、数をかいたりしましょう。

① 背浮きをしよう

ア 耳をすっぽり水中につけることが（**できた・できなかった**）。

イ おへそを水面に出すことが（**できた・できなかった**）。

ウ ３分間、背浮きが（**できた・できなかった**）。

エ 鼻からも息を出すことが（**できた・できなかった**）。

② ちょうちょう背泳ぎをしよう

ア 耳をすっぽり水中につけることが（**できた・できなかった**）。

イ おへそを水面に出すことが（**できた・できなかった**）。

ウ 手のかきに合わせて呼吸をすることが（**できた・できなかった**）。

エ ゆったりと泳ぐことが（**できた・できなかった**）。

オ 鼻から息を出すことが（**楽だった・ちょっと苦しかった・とっても苦しかった**）

③ 今日の泳力測定の様子

ア 泳法… ちょうちょう背泳ぎ（ヘルパーなし・ヘルパーあり）

イ どこを見ながら泳ぎましたか。（**足の方・真上・進行方向**）

ウ 距離…２５ｍ ×（　　）回 ＝（　　　）ｍ

④ 今日の授業の感想を書きましょう。（思ったこと・気がついたこと・わかったことなど）

友達のことも書いてみましょう。

今日のプール…（全部参加した・とちゅうで上がった・見学した）

（寒かった・気持ちよかった）

8 追　試

❶追試者の声

指導ビデオ『水泳の教え方』（明治図書刊）を視聴し背浮き、ちょうちょう背泳ぎ、連続だるま浮きを追試したK子先生からのメール。

7人中6人が25m泳ぎました。

鈴木智光先生

我が校は、1515名という日本でも5本の指に入る大規模校です。担当するのは、6年生。240名の大所帯です。去年は、体育主任を任されておりました。240名が一度にプールに入ります。習熟度別にコースを分けて指導します。私は、プール半分も泳げない子担当です。

昨日、先生のビデオ「水泳の教え方」のとおり指導しましたところ、なんと3m、5mしか泳げなかった子供達7人中6人が25m泳ぎきりました。

感動で鳥肌が立ちました。先生のご著書で、今までも学ばせていただいていましたが、ビデオは、やはり細部の技を知ることができとてもすばらしかったです。購入して本当によかったと思います。

子供達は、背浮きで水に対する恐怖心がなくなりました。そしてなんと言っても連続だるま浮きがすごかったです。背浮きやだるま浮きはもちろんクリアしてからですが。

ただ、ちょうちょう背泳ぎは、掻き終わった手を戻すときに止まってしまってなかなか進まなくてうまくいきませんでした。これから何度もビデオを見返して研究します。

連続だるま浮きは、すぐに平泳ぎもどき？に近づき、25m完泳には、効果覿面でした。みんなで万歳をして昨日の授業を終えました。あとひとりは、連続だるま浮きがゆったりとしたリズムで行えていないので、ここを指導します。必ず泳げると思います。

とりとめのない話ですみません。うれしくて、とにかくお礼をと思いメールを送らせていただきました。子供も教師も親も感動できる25m完泳‼　この感動をいただきました、鈴木先生に心から感謝いたします。ありがとうございました。

2001年（平成13年）

水泳指導にラヌーの浮標を採り入れて実践されているＮさんからの報告。

お礼とご報告

鈴木先生

競技出身者の私にしてみると、この一風変わったラヌー法は着衣泳ならまだいくらでも応用できるけれども、水泳指導には、そんなに効果のあるものではないだろうと思っていました。

それでも、その水泳教室ではサバイバル月間を１ヶ月だけ決め、５年間ほど続けてラヌーの浮標・着衣泳を試みました。５年間続けてみて、はっと思ったのですが、成人女性たちの泳ぎが無理なく距離を泳げる泳ぎ（速くはありません）に変わっていたのです。このときは、まだ、ああ泳ぎにプラスになって良かったくらいに思っていました。

そこへ、３キロ遠泳を夏に挑戦しなければならない男子小学生の水泳指導のチャンスがあり、（これは男子の６年と３年の兄弟だったのですが）最初の指導で背の立たないプールで１時間ほどラヌーの浮標を指導したところ（これも遠泳するならラヌーをやっておくのがいいだろう程度の動機だったのですが）、泳げなかった弟の方が、その後の学校の水泳指導で50m完泳をしたというのです。その時、もしかしたらラヌーは泳げるようにするためには、大変な効果があるのかもしれない、と思いはじめたのです。

そのようなことを経験しながら、なぜそうなのかはわからないままでいたところ、先生の水泳指導法研究会での資料に出会い、「ああ、こういう事だったんだ」と至極納得させられました。

先生の資料を読み、論理的に説明ができるものだったことで、自分の指導には、ラヌー、鈴木式、積極的に取り入れています。

1999年（平成11年）

❷追試がうまくいかない原因と対策

私は今までの勤務校で、毎年水泳シーズン前になると担任の先生達に本書で述べていることを講習してきた。せめて、自分の勤務校の子供たちぐらいは全員がスイスイと泳げるようになってほしいとの思いからである。

しかし、私の期待とは裏腹に成果の上がらない学級もあった。そこから見えてきた原因と対策である。

①バタ足から、という指導者の固定観念

成果の上がらない学級で最も多い原因が「バタ足をさせている」ことだった。校内講習会で「バタ足をしなければスイスイ泳げるようになりますよ。400、500mを泳げるようになるまではバタ足は禁止です」とこんこんと言い続けているにもかかわらず、である。

教師に「水泳の授業の最初にはビート板をもってバタ足から」という強固なまでの固定観念があるとしか思えない。

②時間のロス

ある学級の水泳の授業。プールに入水するまでに15分以上を要していた。これでは時間がかかり過ぎである。遅くとも開始から10分以内には入水させたいものである。授業は45分しかないのだから。（1コマ45分で水泳授業を実施している学校で）

この問題は準備運動と子供たちの動線を見直すことで5分は短縮される。

準備運動とは「平常時と運動時の段差をなくすこと」である。水泳の段差は「水の負荷」である。そのため身体にかかる水温、水圧などに慣らすことが一番の準備運動となる。この水慣れに最も時間をかけるべきである。

ところが、一般的にはAのような順に授業を開始している。

A……①プールサイドに整列　②ラジオ体操など　③シャワー　④入水
　主は「②ラジオ体操など」である。ここに時間をかけているのである。

　この順番をBのように変える。水に慣らすことが準備運動と捉えるのである。シャワーを最初に行う。

B……①シャワー　②プールサイドに整列　③ラジオ体操など　④入水
　主は①と④である。

　Bのメリットは4つある。
○最初に水に触れる①から、2回目に水に触れる④までの時間間隔が長いため、身体が水に慣れる時間的余裕がある。
○子供たちの動線が短く、集合整列も一度ですむ。(Aは③の後に再び集合整列の必要が生じる)
○クラスによって更衣完了に時間差がある。そのため、シャワーに一度に押し寄せることがなく混雑が緩和される。(学年2クラス以上で使用する場合)
○水に触れさせることが一番の準備運動なので、ラジオ体操やストレッチにかける時間は短くてよい。(※あくまで、子供の場合である。日頃体を動かしていない成人は十分にする必要あり)

いずれにしても、限られた時間で効果を上げるには、削って削ってロスタイムをなくすことである。そうして、1分でも水の中にいる時間を確保することである。

③25m泳げればそれでよしとする指導者の泳力観

指導者の泳力観が壁になっている場合がある。ほとんどの教師は子供たちが数日で数百mも泳げるとは思っていないのである。25m、あるいは50mも泳ぐことができれば、大感激する。

問題は、それ以上の進歩を予想できないため、数百m以上に挑戦する場を設定しないことにある。無意識の内に子供の成長にブレーキをかけているのである。

どの泳法もヘルパーをつけて300m～400mが目安である。このくらい泳げるようになる力を子供は持っている。また、このくらい泳がせないと同じリズムで呼吸をすることは習得できない。

時間でいうならば45分の授業の中で20分は泳ぎ続ける時間を確保してほしい。25m泳いではプールサイドに上がって……という授業形態では、せっかく獲得しようとしている水中での呼吸のリズムを、プチプチと切ってしまうことになる。

子供たちが水につかった時間を計測してみると、10分にも満たないことが多いのである。これでは泳げるようにならない。

「回泳」といって、プール内を泳ぎ続ける時間を確保している学校もある。この学校の6年生での泳力は数百m以上である。

④スペース

追試している先生から、相談を受けたことがあった。「私の学校は大規模校である。一度に学年5クラスが使用します。混み合っています。鈴木先生のおっしゃるような追試ができません」と。

これはスペースの問題である。スペースは指導効果を大きく左右する。25mの1コースに10人以下が望ましいのだが、相談してきた先生の学校では1コース20人を超えていた。これでは効果を上げることは困難である。

この問題の解決は担任一人では無理である。学校全体で考えるべきものだろう。例えば水泳シーズン前にはプール使用についての特別な時間割を編成するのである。これは教務主任の役割となる。

1コマ＝45分の場合、1週間で29コマの授業を組むことができる。体育は週3コマなので全学年の水泳の授業は1週3コマ×6学年＝18コマ、である。

29コマ－18コマ＝11コマとなり、11コマ分が空白である。

空白のコマを使えば、一度に5クラスの使用を2、3クラスに分散することが可能となる。

余談だが、学校施設の中でプールほどコストのかかっているものはない。体育科の一領域に過ぎない水泳に、あれほどの面積を専有しているのである。しかも使用期間は一年の内2、3ヶ月である。その期間中でも、水道代、薬品代、電気代と維持管理費に多大な経費がかかる。

45分の授業をするために一体いくらの費用がかかっているのだろうか。プールを使用しない空白の時間とは、多大な経費をムダにしている時間でもある。コスト意識をもって活用したいものである。

⑤ヘルパーをすぐに外そうとする

ヘルパーをつけていたのでは本当に泳げたことにならないという先入観が指導者にあるようだ。

フォームがよくなるにつれて腰が沈まなくなる。そうするとヘルパーは腰にちょこんと乗っているだけになる。沈まないのだから浮力が生じることはない。こういう状態になってからヘルパーを外すのである。性急にヘルパーを外す必要はないし、外してはいけない。

⑥泳ぐ距離を伸ばす段階で子供に強制する

「○○m泳ぎなさい」と強制すると子供からは「エエーッ」という声が返ってくる。以下のようなコースを用意しておいて、子供に選択させる。

○25mに挑戦コーナー	○50mに挑戦コーナー
○100mに挑戦コーナー	○200m以上に挑戦コーナー

選択させることで、心理的な緊張感をほぐすのである。また、選択させた方が意欲も高い。仮に「25mに挑戦コーナー」を選択していても、それ以上

泳げそうであれば、そのままチャレンジを続けさせれば済むことである。

⑦ターンができないと泳げたことにならない

同じ呼吸のリズムで泳げるようにするのがねらいである。足をつかせずに長い距離を泳がせるのではない。折り返しではプールの底に足がついてもよい。初歩の段階では、ターンをさせると呼吸のリズムが狂うのだから、むしろ折り返しでは足をつけて息を整える方がよい。足がつくと「泳法違反」という考え方は捨てる。これは競泳ルールに子供を押し込む考え方である。また、折り返しでいくら休んでも、リズムを習得していない子はそう長く泳げるものではない。

リズムさえつかめれば、泳げる距離は飛躍的に伸びるのである。ターンの指導は通算で数百ｍを泳げるようになってからでよい。それまでは、プールの壁に蟬のようにしがみついてからスタートする、壁に着けば蟬のようにしがみつくといったことをさせる。このようなターンの基礎技能を養っておくのである。

理論編

1 泳げるとは

❶ 25mを浮いて進むことが「泳げる」こと?

6月、愛媛県内の小学校では水泳の授業が始まる。ほとんどがプールでの指導である。プールを前にした子供たちの多くは「泳いで向こうの端まで行けるようになりたい」と願う。

子供たちにとっては25mを浮いて進むことが「泳げる」ということである。子供たちだけでなく教師になったばかりの頃、私もそのように考えていた。

しかし、「25mを浮いて進むこと」が本当に「泳げること」なのだろうか、と疑問に思う出来事があった。1982年(昭和57年)、5年生の子供たちを高知県にある国立室戸少年自然の家へ引率して行ったときのことである。

❷「泳げる」とは命を守れること

室戸少年自然の家は太平洋を望む高台にある。そこでの2泊3日の活動メニューの一つに海での地引き網体験があった。子供たちが海岸に行き綱引きをするように力を合わせて地引き網を引っ張る。そして海岸に引き上げられた魚を歓声を上げながら手づかみで捕るのである。

地引き網は地元の室戸の漁師さんが前日から海に仕掛けてくれている。さて当日、最初は順調に引くことができていた網が途中から全く動かなくなった。自然の家の指導員さん曰く、「室戸の海の底には大きな石がいくつも転がっています。網がすぐに引っ掛かってしまうのです。網が引っ掛かったときは漁師さんに外してもらうのです」と。見ていると沖に待機していた漁船から漁師さんが海に飛び込んだ。太平洋の大きなうねりである。瀬戸内海では台風のときでもなければ見ることのできない大きな波、その中をウエットスーツを着た漁師さんがこともなげに潜る。しばらくすると海面にぽっかりと頭を出し、波間をプカプカと漂っているのである。そして再び網が引っ掛かれば、すぐに頭を沈めて潜っていく。この光景を見てハッとした。

泳げなくても漂うことができれば溺れない

ということに気付いた瞬間だった。

プールで25mを泳げたとしても海で自分の命を守れないのであれば「本当に泳げる」と言えない。

仮に25mを進むことができなくても、海面を漂うことができ自分の命を守れるのであれば、こちらの方こそ「本当に泳げる」と言えるのではなかろうか。

本当に泳げるとは

命を守れること

ということである。

❸「漂う」状態をどう言い表す

自分の命を守るには「漂う」ことができればよい。では、室戸の漁師さんのような「漂う」ことができる力をどう言い表せばよいのだろう。

○流木が漂う様子は → 浮き漂う → 浮漂状態である。
○人が水面を漂う様子も → 浮漂状態である。
ならば人が水面を漂うことができる技能を浮漂力と言い表す。

こうして今までの拙著にも**浮漂力**という言葉を用いてきた。

が、室戸の漁師さんが漂う様子を「浮漂力」と言い表すにはイメージが違うのである。「浮漂力」では浮きっぱなしなのである。

❹「浮沈力」という概念

「浮漂力」では最も重要な“沈むこと”がイメージされないのである。

室戸の漁師さんはプカプカと浮き沈みしながら漂っていた。流木と決定的に違うのは意図的に沈む状態があることである。浮いたり**沈んだり**しながら、である。つまり浮漂状態ではなく**浮沈状態**ではないのか。

“浮沈”ならイメージがぴったりとくる。

こうして室戸の漁師さんが海面を漂う状態を**浮沈状態**、浮沈状態を続けることのできる技能を**浮沈力**と呼ぶことにしたのである。

この浮沈力とは人が海に放り出されても自らの命を守るため

意図的に浮き沈みをしながら呼吸を続ける技能

を指す。さらに詳細に述べる。**浮沈力**とは

意図的に沈み 浮力にゆったりと身を任せて浮かび上がりつつ 息を止める・吐く・吸う・脱力するなどの力を調和し 呼吸を続ける技能

である。私はここに**浮沈力という概念**を提唱する。

なぜ、「概念を提唱する」といった言い方をするのか。

例えば「読み、書き、そろばん」という言葉がある。学力で必要な要素を端的に言い

呼吸力、浮沈力をつけずに泳ぐことはできない

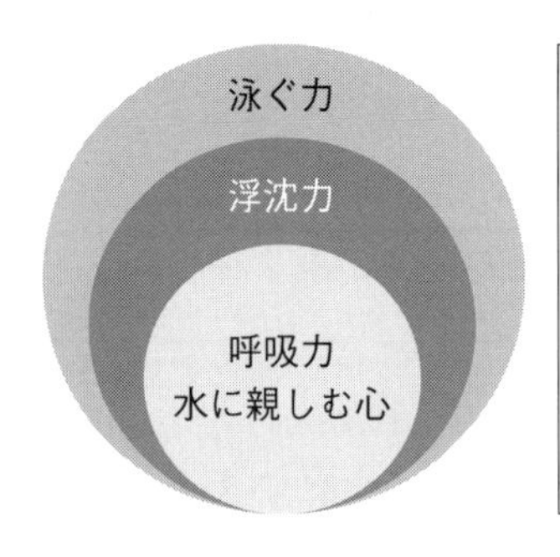

泳ぐためには呼吸を続ける力が必要である。
浮沈力は浮き沈みに合わせて呼吸を続ける力である。
浮沈力には体内に酸素を摂取する呼吸力と水を怖がらず親しむ心が必要である。

表した言葉（＝概念）と言えるのである。概念が明確だから指導に迷わないのである。

では、泳げるようになるために必要な要素は何か。それが明確にされていないからこそ、教師はどう指導していいのか迷っているのである。

「浮沈力」という概念が広がり水泳指導の常識となれば、効果的な指導がなされるようになり、泳げない子がいなくなると考えるのである。

❺「泳ぎ」を浮き沈みの視点から見る

さて、子供たちの平泳ぎやクロールなどの「泳ぎ」を観察していると、水面上を滑るように速く泳ぐ子でも、小さな浮き沈みを繰り返している。それは頭が上下していることからもわかる。

つまり、平泳ぎやクロールなどの泳ぎも浮沈という「**縦の動き**」に、進むという「**横の動き**」を加えたもの、と考えることができるのである。

息継ぎが困難な子や初心者には縦の動きを重視しなければならない。

速さを追求するトップスイマーは水平方向の「横の動き」を重視する。しかしトップスイマーは本人自身が気付かぬ間に「縦の動き」をマスターしているのである。ロンドンオリンピック女子100m平泳ぎ銅メダル、女子200m平泳ぎ銀メダルの鈴木聡美選手の幼少時のプールでの映像が、メダルを獲得した直後TVで紹介されていた。プカプカ浮いたり沈んだりしながらゆったりと泳いでいた。まさに「縦の動き」そのものであった。

❻泳法とサバイバルスイミングの核となる技能

水の事故から命を守る能力・技能を育てるのがサバイバルスイミングである。サバイバルスイミングでは200m以上の泳力が必要と言われている。

サバイバルスイミングの核となる技能が**浮沈力**である。浮沈力を具現化した技術が「連続だるま浮き」であり「ラヌーの浮標」である。（詳細は第3章第1節）

この図は泳法とサバイバルスイミングの接点を探ろうとしたものである。

両者の共通点は「浮沈力」である。

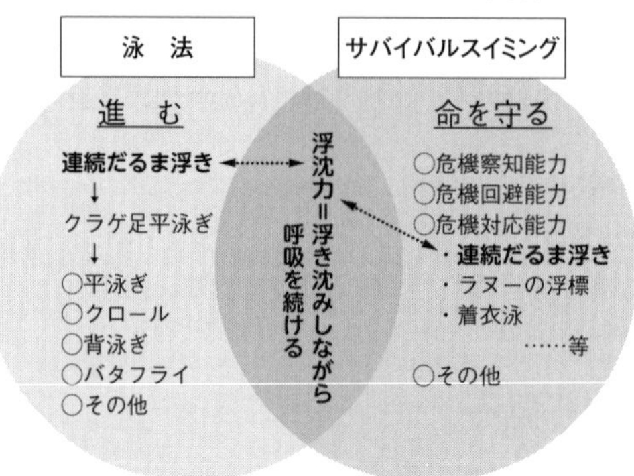

浮沈力が付けば、泳法の習得は驚くほど簡単である。何百m、数千mの泳力も短期間で達成できる。

浮沈力があれば、水難事故に遭遇した際、体力をあまり消耗せずに漂うことができるのである。

❼結論、泳げるとは浮沈力を持っていること

結局、泳げるとは

命を守ることができること

であり、そのための

呼吸を続けることができる技能

を有しているということである。つまり浮沈力を持っているということである。

❽文献より見る「泳げる」とは

今まで「泳げる」ことはどのように捉えられてきたのだろうか。ここに紹介する各氏の言葉の裏には「泳げる」ためのテクニカルポイントが隠されていると思うのである。

「“泳げる”とは、呼吸をしながら、ある一定の距離（あるいは時間）を腕や脚を動かして楽に移動することができること」と定義されている。

「泳げるとは、呼吸をしながら、楽に200m以上水中を移動できるか、5分以上水中に滞っていることができること」と考えてよいのではなかろうか。

荒木昭好氏『水泳』（成美堂出版）より

水泳は生命を守る技です。武技や食糧確保の手段として泳ぐことから発生したといわれていますが、少くとも小学校における水泳は、生命を守る技であることを念頭において指導するべきであると思います。

さて、泳ぎの本質とは何でしょうか。私は、泳ぎは浮きに始まって浮きに終わる――つまり、浮きこそが泳ぎの本質であると考えます。

浮いている物体に推進力を与えれば物体は進みます。泳ぎもまた同じです。いかにして浮くか、いかにして浮きをくずさずに推進力を得るか――これこそ、水泳指導に当たって、常に中核として考えておかねばならないことです。

鈴木勘三氏『だれでも泳げるようになる水泳指導』（黎明書房）より

「泳げる人」とは、一定の距離（10ヤード）をリラックスした状態で、自信に充ちた態度と喜びをもって、しかもどんな局面においても、もがいたり苦痛の表情を示したりしないで、泳ぎきれる能力を持つ人。

H. T. A. WHITING氏『かなづちの水泳指導』（泰流社）より

最後は学校水泳の指針である『文部科学省小学校学習指導要領』（平成20年版）である。

第5学年及び第6学年

次の運動の楽しさや喜びに触れ、その技能を身に付けることができるようにする。

ア　クロールでは、続けて長く泳ぐこと。
　　［例示］25m～50m程度を目安
イ　平泳ぎでは、続けて長く泳ぐこと。
　　［例示］25m～50m程度を目安

2 なぜ泳げないのか

なぜ、泳げないのか。
泳げるようにするにはどうしたらよいのだろう。

❶ 水泳の授業がなくとも泳げるようになっていた海辺の子

全国的にもプールのある小学校が珍しかった昭和30年代、瀬戸内海に臨む海辺で育った子らは水泳の授業がなくとも自然に泳げるようになっていた。5、6年生にもなれば何百ｍも数千ｍも泳げるようになっていた。夏の波の静かな日は沖まで泳いで行き、疲れれば海原に寝っ転がって休憩をし、再び泳ぎ始めていた。泳ぎは苦労しなくても遊びの中で自然に覚えることができるものだったのである。

当時、なぜ海辺の子らが泳げるようになっていたのか。
なぜ今のプールの水泳授業では教師がついて教えているにもかかわらず、なかなか泳げるようにならないのか。
海辺の子が海で遊ぶ姿の中に泳げるようになるための原理・原則が隠されていたのではなかろうか。

2002年4月～2005年3月、私は松山市沖に浮かぶ中島の天谷（あまや）小学校に赴任した。天谷小学校は海に面しており運動場へ出る時間と海岸まで出る時間は同じであった。また、地域の家々から海までの距離もこれに近い状況であったため、海は生活に密接に関わっていた。そのため私は地域の人々や子供たちが海とどう関わっているかを観察することができた。先の瀬戸内海に臨む海辺の子らの記憶と重ね合わせて、「**年齢による海での遊び方の違い**」及びこれを図示した「**海とのお付き合い発達図**」を紹介する。

年齢による海での遊び方の違い

0、1歳の頃は親から海の水を浴びさせてもらう。

2、3歳の頃は波打ち際で砂遊びをしたりヤドカリを取ったりして遊ぶ。この時は足が濡れる程度である。

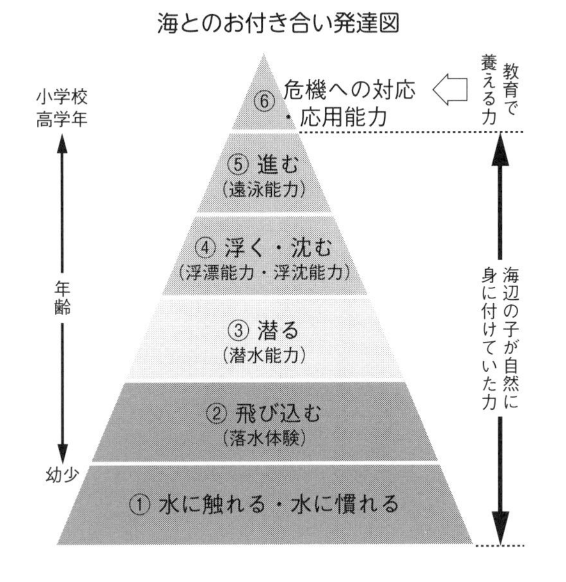

4、5歳の頃になると海の中の生き物を取ろうとする。波打ち際より少し海の中に進む。腰までつかり、海の底をのぞき込むようになる。顔を水につけ全身つかるようになる。そうして中には海に潜る子も出てくる。潜ると言っても自分の背丈ぐらいの深さである。

6、7歳になると自分の背丈よりも深い海に興味を持つようになる。その場所には長く深く潜れないと行けない。

8、9歳になるとモリで魚を突いたりして遊ぶようになる。また突堤から飛び込んだりして遊ぶ。これらの遊びは年上のガキ大将から教えてもらう。

10歳、11歳になる頃には泳ぎを教えられなくても自然に覚えている。スイミングスクールの子のように速く泳ぐことはできないが深い海に潜ったり、飛び込んだりする。何百mも、数千mも泳げる。深い沖に行っても平気である。疲れたら立ち泳ぎをしたり背浮きをしたりして休む。

以上が瀬戸内の海辺の子供たちの姿だった。

❷赤ちゃんが「歩ける」ようになるにはステップがある

プールでの授業、ほとんどの先生はこのように指示する。

もっと速く泳ぎなさい。

「しっかりかきなさい」「もっとキックを強く打ちなさい」とも指示する。

何かオリンピックの決勝レースをイメージしているかのようである。

誕生直後は泣くことしかできない赤ちゃん。成長するにつれ首が座り、寝返りをするようになり、這うようになる。つかまり立ちができるようになると何にもつかまらずに立ち上がり一歩、二歩と歩き出す。ヨチヨチ歩きがトコトコ歩きに変わり次第に長い距離を歩くことができるようになる。そしていつの間にか走ることができるようになる。

赤ちゃんは誰に教えられなくても自然に歩けるようになり、走るようになるのである。

自然にできるようになるということでは赤ちゃんも海辺の子も同じである。

そしてそこに至るには階段を一段一段上るような「上達のステップ」がある。いきなり歩き出したり、走り出したりするわけではない。

水泳も、いきなり美しいフォームで速く泳げるようになるわけではない。泳げない子が泳げるようになるまでにはステップがある。

そこで両者のステップを次に対比する。

❸ヨチヨチ歩きの赤ちゃんに「速く走れ」と言う人はいない

両者のステップは非常によく似ている。

ところで、ヨチヨチ歩きがやっとの赤ちゃんに「もっと速く走りなさい」「手をしっかり振りなさい」「しっかり地面を蹴りなさい」なんてことは決して言わない。

しかし水泳の授業ではこれと同じことを子供たちに言っているのではなかろうか。25m程度しか泳げない子に「もっと速く泳ぎなさい」「腕をSの字にしてかきなさい」「も

歩けるまでのステップ

1	2	3	4	5	6	7	8
寝返る	はう	立ち上がる	ヨチヨチ歩く	トコトコ歩く	長い距離を歩く	きれいに長い距離を歩く	速く走る

泳げるまでのステップ

1	2	3	4	5	6	7	8
水に触れる	潜る	浮く	浮き沈みしながら呼吸する	浮き沈みしながら泳ぐ	長い距離を泳ぐ	きれいに長い距離を泳ぐ	速く泳ぐ

っと強くキックを打ちなさい」などと。

私はこのような指導を数多く見てきた。スピードを求める指導は、例えるならヨチヨチ歩きの赤ちゃんに「速く走れ」と言っていることと同じなのである。階段をいきなり1段目から6段目、7段目に上らせようとしているのである。

水泳も歩行と同様、階段を一段ずつ登るように一つ一つのステップを経て、ようやく速く泳ぐことができるようになるのである。

赤ちゃんのヨチヨチ歩きには他には決してないかわいらしさがある。絶妙なバランスのとり方はかわいらしさと言うより美しさと言ってもよいだろう。それと同様に初心者のプカプカ浮いたり沈んだりしているような泳ぎにも他には決してない美しさがある。「速さ」というモノサシしか持ち得てないのなら、その美しさを感じ取ることはできないだろう。

「もっと速く泳ぎなさい」という指示は、指導者に泳げるようになるまでのステップが意識されていないことの裏返しなのである。

なお、私がこの本で紹介している指導方法は図「泳げるまでのステップ」の⑥あるいは⑦までである。

⑧「速く泳ぐ」といった指導方法はすでに研究され開発されている。この方面での日本の研究レベルは世界のトップクラスだという。スイミングスクール等の指導技術に学びたいと思う。

❹子供は3日の授業で数百mを泳ぐ

日本全国には6年生になっても25mを泳げない子が数え切れないほどいる。(第3章第2節「小学校水泳の実態と課題」にて詳述)

小学校の水泳の授業は6年間で50時間～60時間ある。25m泳げるようになるには、これだけの時間で足りないのだろうか。スイミングスクールに通わなくてはならないのだろうか。

第1章で紹介したS小では25mを泳げなかった4年生54人の平均泳力は6日目でクロール407mになった。また、昔の海辺の子らは遊びの中で何百mも数千mも泳げるようになった。

25mを泳げない子、数千mを泳ぐ子、どちらの現実が子供の本当の能力なのだろうか。

長年指導してきた経験からすると、何百mも泳げるようになるのが驚異なのではない。小学校6年間の授業だけで、どの子も500mは泳げるようになる。平泳ぎでもクロールでも背泳ぎでも。

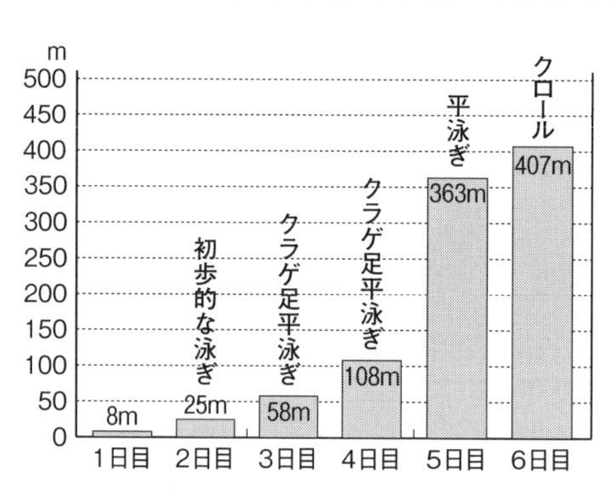

25mを泳げなかった54人の平均泳力の伸び

実は子供はそのくらいの能力を持っているのに、私たち教師が知らず知らずのうちにそれにブレーキをかけるような指導をしているのである。

❺なぜバタ足（キック）がいけないのか

ではブレーキをかける指導とは何だろう。それは

キック

である。

キックが泳げるようになることを邪魔しているのである。

でも不思議に思うであろう。泳ぐためにはキックを打って推進しなければいけない。なのにそれを止めろと言うのだから。

では、なぜキックがいけないのだろう。

ここで運動（技）ができるようになることについて考えてみる。

「運動ができるようになった」とは「動きの連携」が完成したということである。動きの連携を協応動作とも言う。なわとびができるようになった子に「リズムがよくなったね」と褒めるが、これは協応動作ができたということである。脳の中で運動の新しい神経回路ができたということである。

例えば、一拍子跳びというなわとびの技がある。幼稚園児や小学1年生で取り組む技である。この技ができるためには「ジャンプ」と「縄の回旋」という

2つの動きの連携が必要

である。

この協応動作、2つならば連携の接点を見つけるのは容易である。組み合わせパターンが少ないからである。とにかくチャレンジして練習回数を増やせばいいのである。自然にできるようになる。それでもなかなかできない子には接点を見つける指導をする。「同じリズム（1拍子）でぴょんぴょんとジャンプしなさい。次にジャンプして空中で1回拍手しなさい。ジャンプしてパン、ジャンプしてパン……これを10回連続でやってごらんなさい」と。

子供は少し練習しただけで、すぐにできるようになる。この後、縄を持たせ同じリズムで練習させる。すると実に簡単に一拍子跳びができるようになるのである。

これは動きが2つだからである。

もしも動きが3つだったらどうだろう。

組み合わせパターンが数え切れないほど多くなり、 接点を見つけることは困難

になる。3者の接点は容易に見つけることができない、だからいくら練習してもなかなか上達しない状態になる。

例えば、なわとびの一拍子跳びを練習する際、何か一つの動きを付け加えてみる。例えば、「歌」を加えてみよう。歌いながら練習をさせるのである。一拍子跳びのリズムを習得（＝協応動作の完成）していないのに歌までとなると、ますますリズムの習得が困難になる。その運動ができるようになるまで、膨大な時間を要するのである。実際にはこんなバカげた指導をする人はいないが……。

初心者水泳指導における「キック」は、なわとびにおける「歌」と同じことなのである。

さて、キックをさせないもう一つの理由がある。キックをさせると呼吸が非常に苦しくなるのである。実際に椅子に座り足をバタバタさせてみる。息がハアハアと切れる。陸上ですら苦しいことを、呼吸にさらに負荷のかかる水中でさせているのである。

これでは水中で息継ぎのリズムを覚えられるはずがない。わざわざリズムの習得を困難にしているのだから。

表面的に見ればキックが泳力を阻害している。

根本的には呼吸（＝息継ぎ）のリズムの習得を阻害しているのである。

❻2つの動きの連携をつくってから3つ目の動きを加える

水泳における2つの動きとは「手」と「呼吸」である。3つ目の動きとは「キック」である。

3つの動きの接点をどのようにして見つけるのだろう。実はとても簡単なのである。

2つの動きの連携が完成してから3つ目を加える

のである。

3つの動きの連携を同時につくろうとするから難しい

のである。

手と呼吸の連携（協応動作）ができると下半身がよりリラックスしてくる。そして、僅かであるが自然に足が動く。水をかいた手の動きの反動で足が動くのである。この自然な動きをきっかけに意識的に足を動かし始めるのである。（詳細は第1章第5節参照）

3つめの動き（キック）は自然に生まれてくる

のである。

❼補助具（ヘルパー）をつけて浮き沈みと呼吸のリズムをつくる

でも問題が一つ残されている。海と違いプールではキックをさせないと下半身が沈むのである。上級者のように下半身を脱力することができるようになれば沈むこともないのであるが、水泳初心者に下半身の脱力は難しい。

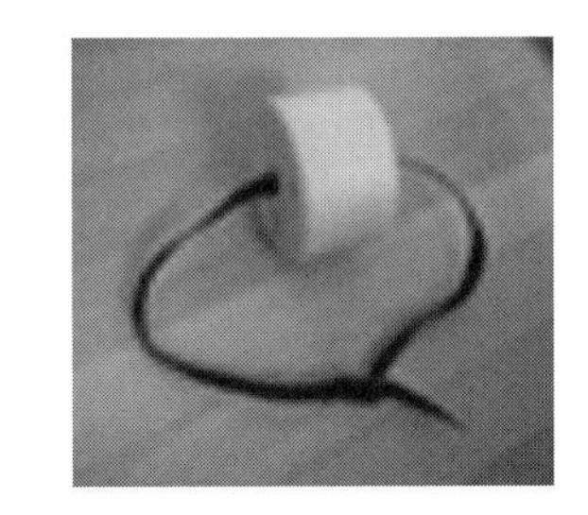

だが簡単に解決できる方法がある。キックをし

なくても下半身が沈まないように補助具（ヘルパー）をつければよいのである。

写真のような脱着が簡単なワンタッチヘルパーがお勧めである。

後は、次のような指示を出して呼吸のリズムをつくっていく。

○キックを無理にしてはいけません。足をだらんとしておきなさい。
○足が勝手に動くのはいいです。
○手の動きと呼吸を合わせなさい。
○けのび姿勢を長くとり、ゆったりと泳ぎなさい。

そして45分の授業なら20分は泳がせる。すると日毎に距離が伸びるようになる。400m、500mを越えると無理のないフォームに変化していく。

この段階になれば下半身を脱力したキックができるようになる。ヘルパーがなくとも下半身が沈まなくなる。ここでヘルパーの使用を終了する。

ヘルパーを使用したり、いつヘルパーの使用を止めるかという点についてH. T. A. WHITING氏は『かなづちの水泳指導』で次のように述べている。

○ある運動を習得させたいときに、（補助具を使用し）要求される運動パターンに人工的に学習者をはめこんで、正しい反応だけを引き起こさせるようにするのだが、この方法は一つの有効な学習方法であることが証明されている。
○補助具を使用した場合、学習者がそれに依存するようになる可能性はつねにある。これも、指導者が学習場面を操作して、学習者が補助具を必要とする時間をどの程度の長さにとどめるかにかかってくる。

氏は「学習者がそれに依存する」ことを心配しているが、ワンタッチヘルパーを使用して浮沈力を身に付けた子供たちは、ワンタッチヘルパーに依存することを嫌うようになっていった。氏の心配は杞憂であることを付記しておく。

❽浅いプールでも浮き沈みを可能にした「連続だるま浮き」

水泳における2つの動きとは「手」と「呼吸」である。この2つの動きの連携をつくる技が「連続だるま浮き」である。（第1章第5節参照）

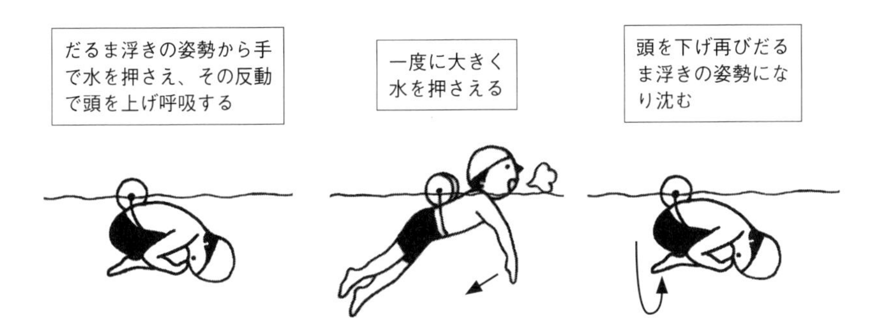
だるま浮きの姿勢から手で水を押さえ、その反動で頭を上げ呼吸する
一度に大きく水を押さえる
頭を下げ再びだるま浮きの姿勢になり沈む

手を使って浮き沈みし、それに合わせて呼吸をする。浮き沈みしながら呼吸をするからポイント（頂点）がわかりやすく連携がとりやすいのである。

進ませながら（平泳ぎやクロールをさせながら）息継ぎをさせると、ポイント（頂点）がわかりにくいのである。（下図参照）

浮き沈みしながら
進ませながら

さて、同じリズムで浮き沈みする技能を身に付けるにはもう一つ大事なポイントがある。

海辺や島の子が成長とともに泳げるようになっていたのは、浮き沈みに合わせて呼吸する力をマスターしていたからである。

足のつかない深い海で遊び続けるには呼吸をする必要がある。潜って海底の生き物を見たり捕まえたりする。苦しくなったら浮かび上がり息を吸う。こうして遊ぶ中で浮き沈みしながら呼吸する力を自然に身に付けていったのである。浮き沈みしながら呼吸する力を付けた子が次に始めたことが、手や足を動かして水面上を進むということである。

ではプールで行われる水泳授業ではこの力がなぜつかなかったのか。なぜつけようとしなかったのか。

それはプールが浅いため浮き沈みをする必要がなかったからである。

指導者も泳法を指導することだけに意識が向いていたからである。

プールは浅い。海は深い。

深くなければ浮き沈みしながら呼吸する必要はない。

当然、浮き沈みしながら呼吸する力はつかない。

浮沈力の存在そのものに気が付かない。

（浅いプールで浮き沈みを可能にするために体を丸めた。それが連続だるま浮きである）

❾見える呼吸と見えない呼吸、呼吸とは息継ぎだけにあらず

以下の3つの事例を通して、水と呼吸の関係について考える。

見える呼吸、見えない呼吸

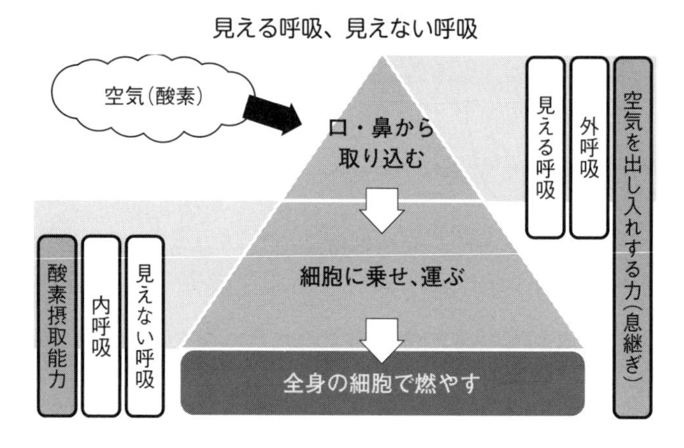

事例1：シャワーを浴びると呼吸が苦しい

子供たちは冷たいシャワーを浴びたとき、ハッ・ハッ・ハッと苦しそうに息をして「心臓が止まりそうだ」とよく言う。

泳げない子、水に慣れていない子はシャワーの水がそれほど冷たくなくて

も正常な呼吸ができない。プールに入ればなおさらである。

水に触れている皮膚の面積が増えれば増えるほど正常な呼吸ができなくなる。

事例2：息継ぎができれば泳げるのか

ここに「平泳ぎかクロールのフォームができ、後は息継ぎさえできれば泳げるのに」と言われている子がいる。この子に息継ぎの技能が必要ないようにシュノーケルをつけさせて泳がせてみる。つけないときより長い距離を泳げるだろうか。実はならない。

大気と口の間を妨げる水はないのに泳げるようにはならないのである。

泳げない子は、空気が肺の中を出入りするだけで、酸素を体内に摂取する能力がまだ身に付いていないからである、と推測される。

事例3：海女はなぜ長時間潜ったままでいられるのか

普通の人と海に潜ることを職業としている海女とを対比させて考えてみる。

海女は、肺への空気の出入りがなくとも数分間も水に潜ることができる。ところが普通の人にはこんなことはできない。

海女は肺への空気の出入りがなくても、潜る前に吸った空気（酸素）を少しずつ消費しているのである。

つまり、息継ぎという「肺への空気の出入り」以前の問題として、肺へ入った酸素を消費することのできる能力があるかどうかの違いである。

だから泳げない子を指導するには、見える呼吸と見えない呼吸の2つの視点が重要である。

○肺に空気を出入りさせる技能（息継ぎ）をつける。
○肺にある空気を消費する力（酸素を体内に摂取する能力）を高める。

⑩「酸素摂取能力」とは呼吸の負荷のステップ

身体が水に触れていると、陸上の呼吸とは違い負荷がかかってくる。

それは「水温」「水に触れている割合」、立位・伏臥・仰向けという「姿勢」などの条件で変わってくる。

具体的に言うなら

○水温が25度と30度では、30度の方が楽に呼吸ができる。
○身体が水に触れている割合が少ない方が楽に呼吸ができる。
○伏臥・仰向け姿勢より立位姿勢の方が楽に呼吸ができる。

プール環境の中で水温という条件を外して考えてみると、負荷が最大なのは

○身体の100%が水に触れている。
○身体を横にした姿勢。

つまり、潜水状態である。

呼吸の負荷は次のような段階で大きくなっていく。

① 両足で立った姿勢

② 両足で立った姿勢
＋足まで水に浸かる

③ 両足で立った姿勢
＋胸まで水に浸かる

④ 両足で立った姿勢
＋首まで水に浸かる

⑤ 横になった姿勢
＋呼吸を妨げる水が
口・鼻のまわりにない
＝仰向け＝背浮き

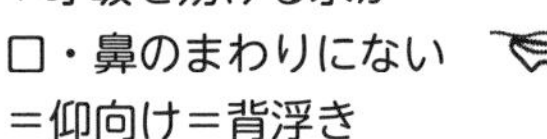

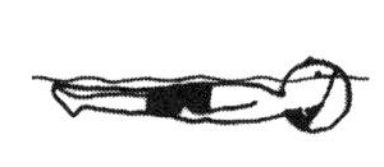

⑥ 横になった姿勢
＋呼吸を妨げる水が
口・鼻のまわりにある
＝うつ伏せ＝伏し浮き

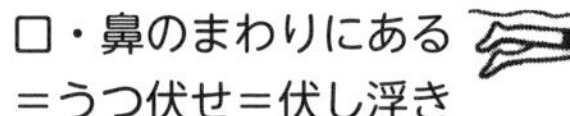

本書に述べている指導のステップはこの呼吸の負荷の段階に合わせているとも言える。

「息継ぎさえできれば泳げるようになるのに」と言ってフォームばかり練習させる指導法には⑤の段階は考えられていない。この段階は、水遊びから泳法へと移行する際にもっとも重要で不可欠な段階である。姿勢が横になる、頭部の90％以上を水没させる、それでいて呼吸をじゃまする水が口や鼻のまわりにないからである。

この姿勢で楽に呼吸をできるようにしておかないと、酸素を体内に十分に摂取する息継ぎはできない。これは息継ぎの基礎技能である。

⑤の段階で呼吸をする方法が「背浮き・ちょうちょう背泳ぎ」である。つまり、背泳ぎ・ちょうちょう背泳ぎというのは「息継ぎ」の前の重要なステップである。

従来の指導法は「息継ぎ」の前のステップが十分に考えられていなかったのである。

身体が水に触れた状態で楽に呼吸ができる。

私はこの能力を次のように呼ぶことにした。

酸素摂取能力。

「身体が水に触れた状態で楽に呼吸をできるようにする」能力と言えばいいのである。にもかかわらず、酸素摂取能力などとまぎらわしい言葉を使っているのは次のような理由からである。

泳ぐことと呼吸の関係は「身体が水に触れた状態で呼吸する」とも言える。この「身体が水に触れた」最高の状態というのは潜水状態である。そして「呼吸」という言葉には「息を吐く、息を吸う」という意味が含まれている。

だが、潜水状態では「息を吐く、息を吸う」という身体の動きがない。かといって、潜水状態では呼吸はしないのかというと、先に述べた海女のような息継ぎのない「呼吸」をしているのである。

息継ぎのない「呼吸」を説明したいがために酸素摂取能力という言葉を使っているのである。

以上の点さえ理解していただければ、「酸素摂取能力」を「身体が水に触れた状態で楽に呼吸ができる能力」と置き換えていただいてけっこうである。

泳げるためには海女のような潜水状態での「呼吸」の能力を高めなければいけない。

3 泳げない原因を診断する

❶25mを泳げない7人全員が「連続だるま浮き5分間」ができない

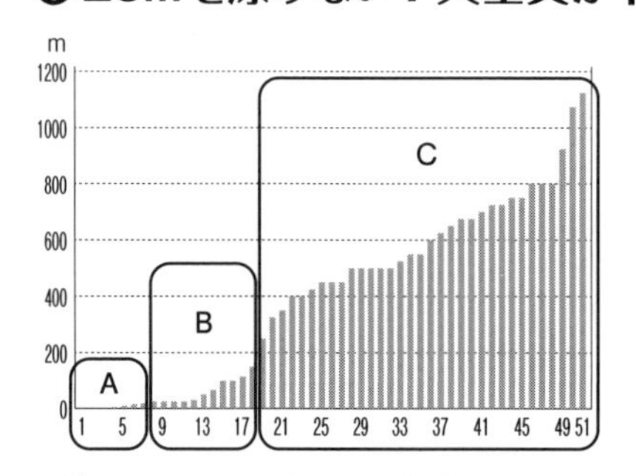

平均407m、54人の個別記録

25mを泳げなかった54人の小学4年生が6日目にクロールで平均407mを泳ぐようになった。(第1章第4節参照)

だが個別に見ると7人の子が25mをクリアできていなかった。Aグループの子供たちである。Cグループの子供たちと歴然とした違いがあったのが「連続だるま浮き5分間」であった。Cグループの97%の子が達成していたのに対してAグループは0%であった。

25mを泳げない子は7人全員が「連続だるま浮き5分間」ができない

のである。

なぜ連続だるま浮きができないのか。その原因が即ち泳げない本質的な原因なのではないか。本質的な原因がわかれば解決策が見えてくるはずである。

そう考え、連続だるま浮きの基礎技能をさらに細分化しその一つ一つの達成度を調べてみた。

25mを泳げない子の「連続だるま浮きの基礎技能」

レベル	基礎技能	備　考	A子	B子	C子	D男	E子	F子	G男
1	顔つけ・足飛び込み	水に対する感情	×	×	×	○	○	○	○
2	呼吸（止息10秒）	だるま浮き10秒	×	×	×	○	○	○	○
3	かきと呼吸の連携	手で水を押さえて頭を水面上に出す	×	×	×	×	○	○	○
4	呼吸（息を吐き切る）	吐き切った反動で息を吸う	×	×	×	×	○	○	○
5	脱力・リズム	リラックスして浮くまで待つ	×	×	×	×	×	×	○
レベル1～5をクリアすれば連続だるま浮き5分間が可能			×	×	×	×	×	×	×？

連続だるま浮き5分間の基礎技能を難易度の低い順にレベル1～5まで並べ、7人の子の症状を照らし合わせた。

▷レベル1

顔を水につけることや、足飛び込みをすることができるかどうかである。これらができない子は水に対して抵抗感がある。水を心地よいものと捉えてない。

レベル1がクリアできないのにレベル2以上に進むことは困難である。

A子、B子は顔つけ、足飛び込みができず水に対して恐怖心を持っていた。C子は足飛び込みができるものの顔つけができなかった。

レベル1をクリアするには水遊びの段階に戻って指導をする必要があった。「水と触れることが楽しい」という気持ちを育てることが必要不可欠だった。

もし、水遊びを再学習できないのであれば、レベル1を克服しようとする本人の強い意志と、それをサポートする者の存在が必要である。

水遊びの楽しさを味わわせる授業がいかに重要であるか。

▷レベル2

10秒間息を止めることができるかどうかである。連続だるま浮きを続けるためには沈んで浮いてくるまでの4秒間は息を止める必要がある。では4秒間の止息力でよいかというとそれではいけない。それだと限界寸前で息をする状態になり、アップアップしながらの連続だるま浮きになってしまう。ゆったりとした連続だるま浮きをするためには余力が必要である。

レベル2がクリアできないのにレベル3以上に進むことは困難である。

▷レベル3

手のかきと頭の上下動の連携である。手で水を押さえて頭を水面上に出す。頭を水面上に出さないことには息継ぎができない。

レベル3がクリアできないのにレベル4以上に進むことは困難である。

D男はこの連携ができなかった。原因は教師の指示を理解していなかったからである。指示したことの確認が教師になかったからである。

後日、D男は連携を理解することでレベル3を簡単にクリアした。

▷レベル4

頭を水面上に出した後は呼吸である。体内の空気を吐き切らないことには吸うことはできない。吐き切った反動で息を吸うのである。

レベル4がクリアできないのにレベル5に進むことは困難である。呼吸が確保できないことには脱力はできない。

▷レベル5

呼吸が確保できた後は脱力である。リラックスして浮力に身を任せることであり、背中がぽっかり浮くまで待つことである。

脱力により体内に酸素を十分に摂取することができ、しかも無駄なエネルギーを使うことがない。

こうしてゆったりとした浮き沈みのリズムが生まれ、体力が続く限りいつまでも続けることが可能となる。

D男、E子は脱力ができていなかった。その原因は姿勢にあった。背中が反っていたのである。まるで「気をつけ」をしているかのようであった。「体を丸めなさい」「首も丸めなさい」という指導が必要だった。

以上、連続だるま浮き5分間の基礎技能をレベル1～5まで細分化し、症状を診断していくことにより原因がわかり対処の仕方も見つかっていったのである。

しかし7人中1人だけ、原因がわからない子がいた。G男である。

❷G男の「連続だるま浮き5分間」ができない原因がわからない

小学4年生のG男は基礎技能のすべての項目をクリアしていた。にもかかわらず連続だるま浮き5分間ができない。10回すらも難しい状態だった。

G男は運動能力抜群の子である。成績も優秀、教師の指示に対する理解も十分。水に対しての恐怖心もない。泳げるようにならないことが不可解であった。

そこで保護者に個別レッスンを申し出た。この申し出に母親は非常に喜んでくれた。母親は「息子はスイミングに通っても泳げない。それなら、と私が直接教えたけども泳げるようにならなかった」と言っていた。

2014年1月から市民プールで週1回90分のレッスンを開始した。「300mを泳げるようになったとき」をレッスンの終了という約束にした。当初、4、5回もすれば大丈夫だろうと見ていた。確かにちょうちょう背泳ぎなら300mを泳げるようになった。しかし、「連続だるま浮き5分間」は一向に上達しなかった。

本当はレベル5に達していないのではないか？　そこでレベル5の「脱力」を別の2つの方法で診断してみた。背浮き5分間とシュノーケルをくわえての伏し浮き5分間である。これならば確実に脱力の有無を診断できる。そして彼は難なく2つともクリアした。脱力に問題はなかったのである。

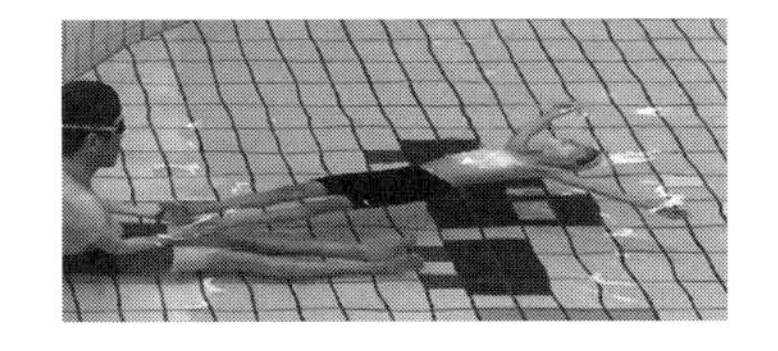

なぜ、連続だるま浮き5分間ができないのか、謎は解けぬままであった。

その後もこれといった上達は見られずレッスンの回数だけが重ねられていった。

レッスンも10回を過ぎた春休み、原因を探ろうとビデオ撮影許可を市民プール管理者に文書で申し出た。市民プールには盗撮防止のため一切の撮影禁止というルールがあったのである。

……7名中1名を除いた6名については原因がわかっています。水に対して極度の恐怖心を持っている、顔を水につけることができないなどです。しかしG男という男の子だけが原因がわかりません。顔を水につけることができる、水に対しての恐怖心もない、なのに浮き沈みしながら呼吸をするというリズムの習得がなかなかできないのです。G男は校内マラソン大会で1番になるなど運動能力は抜群のものを持っているだけに何が原因なのか謎のままです。G男を何とか泳げるようにすべく、同時に原因を探るべく本年1月より週1回の個別指導をこのコミセンプールをお借りして開始いたしました。現在9回の指導を終え、背泳は400mを超えるまでになりましたが浮き沈みのリズムとなるとまだ習得ができていません。原因は不明なままです。今後G男ができない原因を探るためにビデオで撮影し分析を進めたいのです。原因がわかれば解決法がわかりG男を泳げるようにすることができると思うのです。そこでお願いです。ビデオ撮影を特別に許可していただけないでしょうか。

回答は「撮影禁止というルールを曲げることはできない」というものであった。が、休館日にG男だけにプールを使用させてくれることになった。他者の映らない状況での撮影ならルールの趣旨に反しないと、「特例中の特例」という計らいをしてくれたのである。

2014年3月31日、私が水中撮影、G男の母親がプールサイドから撮影を行った。

が、ビデオ映像を見ても原因は解明できなかった。

結局、G男が約束の300m以上を泳げるようになったのは5月中旬。計16回のレッスンを要していた。原因は不明のままだった。

❸鼻から呼息する重大な意味

原因が究明できたきっかけは11月15日、16日に名古屋で開かれた日本水泳・水中運動学会だった。筑波大学・椿本先生に勧められ、この学会に初めて参加し私の実践を発表した。その中でG男の事例も紹介した。

これを聴いていた参加者の中に呼吸のことを詳細に研究している國學院大学教授・原英喜氏がいた。氏から即「息継ぎのとき口から吐いて口から吸うように指導しているがそれでよいのか」という指摘を受けた。

この時点では原氏の指摘の意味が理解できなかった。愛媛に帰り原氏の論文を検索した。氏の論文を読み、鼻から呼息することの重要性に気づかされた。即、原英喜氏にメールを送った。

原 英喜先生

名古屋で開かれた水泳・水中運動学会で発表しました小学校教師の鈴木智光でございます。学会では本当にお世話になりました。私の実践に対して原英喜先生から息継ぎ（呼吸）についてご指摘をいただき本当にありがとうございました。お陰様で私の発表の中で紹介しましたG男がなぜ浮沈力（連続だるま浮き5分）がつかなかったのかその原因を推論しました。

ご指導いただければ幸いです。

先生のご指摘を受け、G男のビデオ映像（3月撮影）を見て、またG男宅に電話をかけ本人と母親に聞き取りました。

ビデオを見ると連続だるま浮きの際、水中で息を吐いていたもののそれは口からでした。それもほっぺたを小さく膨らませ僅かにプクプクとでした。口から吐いて口から吸っていました。また、今にして思えばG男は25mを行っては鼻をよくかんでいました。母親はそれを見て「神経質な子ね」と思っていたそうです。

今回の電話での私の問いにG男は「水中では口から息を吐いていた。鼻には水がよく入って苦しくなった。連続だるま浮きを続けることができなくなった」と話してくれました。

「なぜ、鼻に水が入るのか」ということを追求すべきであったのに、私はそのことに留意しませんでした。脱力だけに気をとられていました。G男が呼吸を続けることができなかったのは鼻から呼息していないため鼻腔内圧が水圧に抗するものにならずに鼻から水が入っていたと考えられます。

〜〜〜〜〜〜〜〜〜〜〜〜〜〜〜〜〜〜〜〜〜〜〜〜〜〜〜〜〜〜〜〜〜〜

【推論】

G男の鼻に水が入るのは鼻腔内圧が水圧より低いから。鼻腔内圧を水圧より高くすれば鼻に水が入ることはない。鼻腔内圧を高くするには水圧を感知せねばならない。水圧を感知するには鼻から呼息しようとしなければならない。鼻から呼息できるということは、水圧を上回る鼻腔内圧にセットすることができたということである。

〜〜〜〜〜〜〜〜〜〜〜〜〜〜〜〜〜〜〜〜〜〜〜〜〜〜〜〜〜〜〜〜〜〜

いかがでしょうか。ご多忙の原先生にこのようなお願いをするのは誠に恐縮ですが、もしもよろしければこの推論が正しいのかどうかご指導いただければ幸いです。

原英喜氏から返信をいただいた。

鈴木智光先生

丁寧なメールを拝見させていただきました。鈴木先生の熱意が伝わる内容で、読んでいて嬉しくなりました。鈴木先生の推論が正しいと思います。これまで私が書いた論文と同じ見解です。

2006年の日本体育学会でも関連したものを発表しましたので、添付させていただきます。

口から息を吐いていても、大きく吐くと最後に鼻腔は陰圧になるようです。口と鼻の気道の切り替えは、軟口蓋という喉にある器官が動きますが、このコントロールは自律神経が支配しています。なので、意図的に直接軟口蓋を動かすことはできないので、私は、「ムー（鼻から呼息）、パッ（口から呼息）」と言わせることで軟口蓋の動きを覚えさせるのがいいと思っています。今年のオーストラリアでの学会で発表しました。英文ですが、こちらも添付させていただきます。

そう言えばG男は「鼻に水が入る」と訴えていた。それに対して「鼻から水が入るのなら鼻から息を出せばよい」と答えたことがあった。今にして思えば300mを超える前のレッスンでのやりとりであった。あれども見えずの状態だったのである。

原英喜氏のお陰で、ようやくG男が連続だるま浮き5分間ができない原因（＝泳げない本質的な原因）を究明できたのである。

G男は呼吸力（酸素摂取能力）はあったものの、空気を取り入れる入口（口・鼻）でつまずいていたのである。

小学校水泳の課題

1 命を守る水泳授業

❶危機管理の視点に気付かされた荒木昭好氏との出会い

夏になると、毎週のように休日明けの朝刊では水難事故の記事を目にする。痛ましい限りである。

暑くなると子供たちは水辺で遊ぶ。危険に近づくのだから事故に遭うのも当然、と私たちは思っていないだろうか。しかし、考えてみてほしいのである。危険と遭遇しても、回避する力があれば命を守れるということを。

そのような力こそ教育でつけるべきではないだろうか。

とりわけ水と直接関わる水泳の授業において、危機管理の発想と危機回避のための技能習得のカリキュラムが必要ではないだろうか。

私がこのような思いに至ったのは荒木昭好氏との出会いがあったからである。(第5章第6節に詳述)

荒木氏は水の様々な危険に対応するプログラムを示している。着衣で泳ぐこと以外に様々なプログラムが用意されている。氏の言う「着衣泳」はこうしたプログラムをも含めた「サバイバルスイミング」なのである。

❷「着衣泳」の追試

荒木氏と出会った翌1994年夏、担任していた6年生の学級で着衣泳の授業を行った。「溺れた時のために、服を着て泳ぐからよく洗った服を持ってきなさい」と言ったとたん、「ええ～っ！　うっそ～！」。これが子供たちの反応だった。

授業：第1時　自分が水に落ちたらどうするか

教室にて実施。

> **発問1**（プールと海の映像を対比的に見せながら）
> プールと海との違いは何ですか？

・塩水である。　・波がある。　・深い。
・くらげや魚、鮫などの生き物がいる。　・砂や小石がある。

> **発問2**（プールと川の映像を対比的に見せながら）
> プールと川との違いは何ですか？

・流れがある。　・水が冷たい。　・深みがある。

発問3（ボートに乗って遊んでいる、釣りをしているなどの映像を見せながら）
川でボートに乗って遊んでいた。ところがボートがひっくり返り、川に落ちてしまいました。あなたならどうしますか？

・何かにつかまる。　・助けを待つ。　・岸まで泳ぐ。
・大声で叫び、助けを求める。

「岸まで泳ぐ」「大声で叫び、助けを求める」といっても本当にできるのですか？
では実際に水に落ちる体験をプールで行ってみましょう。よく洗った服やくつ、つかまって浮くためのものを準備してきなさい。

発問4
何かにつかまるといっても、何にですか？　3つ以上考えなさい。

・木の枝　・水面に浮いているもの　・ボート
・釣りのクーラーボックス　・長靴

発問5
つかまって浮くためのものを3つ以上考えなさい。

浮輪、クーラーボックス、ペットボトル、スーパーのレジ袋、バッグ、ランドセル、など。（子供から出ないものについては教師が示す）

授業：第2時　自分が水に落ちたらどうするか

① 不意に落ちる

2人1組になり、一方の子が相手の子を押す。
（注意：強く押してはいけない）

② 叫び、助けを求める

底に足をつけずに「助けて～！」と叫ぶ。

③ 物につかまって浮く

ランドセルが浮くことを知って、子供たちは驚く。

ランドセルにあごを載せると安定して浮くことができる。

ペットボトルやふくらましたレジ袋もよい。

④ ペットボトルを枕にしたり、お腹に抱いたりして浮く

身近な物を利用すれば、楽に浮けることを体感することがポイントである。

授業：第3時　友達が水に落ちたらどうするか

> **発問1**
>
> 釣りをしていた友達が誤って川（池）に落ち、溺れています。あなたならどうしますか？

ア　自分が泳いでいって助ける。

イ　他の人に知らせ、助けを求める。

ウ　つかまって浮くことができるものを投げる。

発問2
この中でしてはいけないことは何ですか？

「自分が泳いでいって助ける」ことは、決してしてはいけない。2次遭難になるからである。このことはしっかりと教える。

この後、他の人に知らせることやいろいろな浮く物を投げ入れる体験を2人1組で行う。

子供たちにレジ袋、ペットボトルを持参させ、これにタフロープを結ぶ。溺れている人に投げ、プールサイド（岸）まで引き寄せる。中に少量の水を入れると投げやすいことを教える。

（授業は以上）

授業後、「楽しかった」「役に立つと思う」「こんな水泳の授業をもっとしたい」という感想が多く出た。

ただ、2度も溺れそうになった経験のある私としては「この授業で本当に命を守れるのだろうか？」「何かが足りない」という疑問がずっと残った。

❸「着衣泳」、言葉が一人歩きしている

今では（少なくとも愛媛県内の）ほとんどの小学校で「着衣泳」が実践されるようになった。

ところが中には問題が見られる。「着衣泳」という言葉である。教師の中には着衣で泳がせただけで「着衣泳」を実践したと安心しきっている人がいるのである。

着衣で泳がせること ＝ サバイバルスイミング

と誤解しているのである。

着衣で泳がせるだけではサバイバルスイミングになり得ない。

着衣で泳がせること < サバイバルスイミング

なのである。

「着衣泳」のプログラムを十分に知らないまま「着衣のまま泳がせたのだから、これで危機回避の技能を習得させた」と安心している。これがこわいのである。大事なのは、水難事故に遭遇した際、危機に対応できる知識、技能が身に付いたかどうかなのである。

鳴門教育大学准教授・松井敦典氏は次のように述べている。

> 着衣泳の第一義的な目的は、水難事故、あるいはそれに近い状況に遭遇した際のシミュレーションとして、その対処法を学び、当事者の安全

を確保することにある。学習者はその能力に応じてできるだけ安全に難を逃れる方法を身に付けることが主な学習課題となる。

『日本水泳・水中運動学会2014年次大会　論文集』より

❹溺れる根本的な原因

溺れる根本的な原因は何だろうか。

「環境」と「人」の2つの視点から原因を考えてみる。

「人」に視点を当てると、突然呼吸ができない状況に陥ったことによるパニックがある。正常な判断ができなくなり、ますますもがいてしまう。

「環境」に視点を当てると

深　さ

がある。深さが呼吸をできなくするのである。

だから、着衣で泳ぐ困難さを体験させるだけでは不十分である。その前に足のつかない深さを体験させるべきであり、深みに落ちた際、どのように対処して呼吸を確保すればよいのかを理解させ、技能を教えることが必要である。

なお、浅くても溺れる場合がある。瞬間的に鼻に水が入り耳管を通って耳へ上がってしまうと「めまい発作」が起き平衡感覚を失ってしまう。その結果、立ち上がることができたとしても再び転倒し、気管を通して水が肺に入ってしまい死に至ってしまうのである。

❺なぜ、島の子は深さに平気なのか

2002年（平成14年）島の小学校に赴任した時のことである。そこで目にした島の子供たちは例外なく海の深さに平気だった。いや、平気になっていった。

なぜ、平気になっていくのか。島の子供たちの幼児から小学校6年生まで

の海での遊び方を観察していると、次第に変化していく様子が手に取るようにわかった。そこには明らかな発達段階があった。第2章第2節で紹介したようにこの発達段階を「海とのお付き合い発達図」として図示した。

その図と写真を見ていただきたい。子供たちはいきなり泳ぎ始めるのではない。まずは水に触れる。そして中に入り、飛び込んだり、潜ったりしながら次第に浮いたり進んだりする力をつけていく。

この「**海とのお付き合い発達図**」を参照しながらプールで泳ぎを学習する子と対比してみる。

決定的に違う点が浮漂力と浮沈力である。

島の子は浮漂力と浮沈力があるため、深い海でも鳥が羽を休めるように水面で背浮きをしたりプカプカ浮いたり沈んだりして休むことができるのである。浮漂力と浮沈力のある子にとっては、海は「底なし沼」ではなく、「心地よいベッド」なのである。

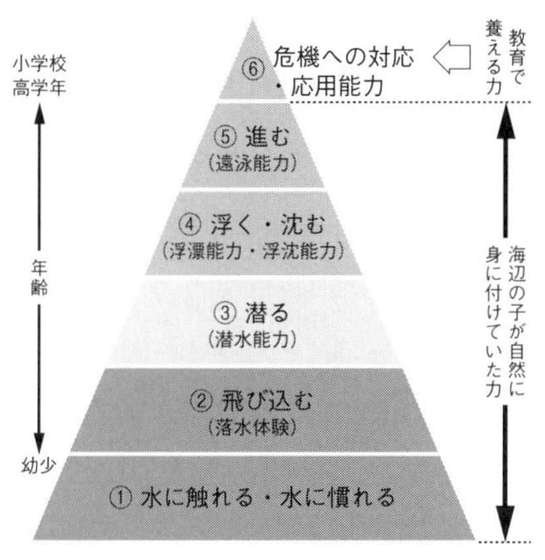

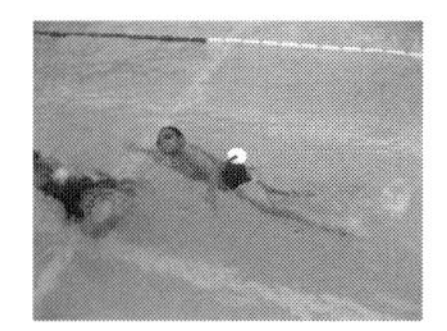

この図のような段階に沿って水泳の授業を進めていけば深さに対応できる力が付いてくるのである。

しかし、プールで行われる授業の現状は②、③、④の段階があまりにも不十分である。

例えば②の「**飛び込む**」などは、「足飛び込み」さえも禁止している学校がある。「逆飛び込み」のような危険性はないのに、同じ「飛び込み」と捉えているからである。言葉による誤解である。

③の「**潜る（潜水能力）**」は低学年の授業ではよく行われている。しかし3年生以上になると極端に少なくなる。何よりも、「潜るとは息を溜める力を付ける」極めて重要な段階であるということを、指導者が十分に認識していないことが問題である。

④の「**浮き沈みする（浮漂力と浮沈力）**」も、せいぜい「だるま浮き」ぐらいしか行われていない。

以上の中でも、最も足りないのは浮漂力と浮沈力の育成である。浮漂力と浮沈力を付けるには、ただ浮いていればよいというものではない。基礎技能として**沈むこと、潜ること**ができないといけない。また、水面に**浮かび上がって息をする**技能も必要である。

現状は

沈まないように進みながら息をする指導が行われている

のである。沈まない指導ではなく、

沈み・浮かび上がる指導が必要

である。

（浅いプールで浮漂力と浮沈力を付ける方法として体を丸めて行う「連続だるま浮き」がある）

❻「不意の落水」と「飛び込み遊び」の違い

不意に深みに落ちた時、子供は慌て、もがく。

なぜ、そうなるのか、

> 呼吸ができなくなる

からである。

では、なぜ呼吸ができなくなるのか。その理由を探るため「飛び込み遊び」と比較してみる。「不意の落水」と「飛び込み遊び」、どちらも深みへ落下であるが、何が違うのだろうか。

	不意の落水	飛び込み遊び
① きっかけ	思いがけない、突然	自らの意思
② 落下時の姿勢制御	制御不能	制御下
③ 水没後、身に何が起きるか	予測できない（予測する時間がない）	予測できる
④ 鼻・口への水の浸入	防御困難（無防備）	防御できる（防御体勢をとっている）
⑤ 水中の状況把握	困難	容易
⑥ 心理状態	パニック、恐怖	楽しい

対比表を見ての通り、すべての項目で相反している。

つまり、すべての項目を「飛び込み遊び」に近づければ命を守ることができるのではなかろうか。

このことで思い出すのは幼なじみの津田君である。当時小学5年生であった津田君は町内会の親子遠足でダム湖を見学した際、こともあろうにダム堤からダム湖に落下したのである。しかし津田君は無事だった。水面からぽっかりと頭を出し、事も無げに湖畔まで泳いで上がってきたのである。

なぜ助かったのか。思い出されるのは、夏になると近くの海でいつも潜ったり飛び込み遊びをしたりしていた津田君の姿である。津田君にとってはダム湖への落下も海での遊びの延長に過ぎなかったのだろう。

「不意の落水」と「飛び込み遊び」では似て非なるものであるが、「飛び込み遊び」を十分に体験しておくことが、「不意の落水」から命を守ることに繋がると津田君の事例から考えられるのである。

しかしながら漠然と飛び込み遊びを経験させたのでは学習にならない。対比表に示されている①～⑥の中で、「命を守るために重要なのは何か」を把握した上で授業を組み立てなければならない。

命を守る、つまりこれを外すと致命傷となることを一つだけ挙げるとするならば「④鼻・口への水の浸入」である。

鼻や口に水が入ることの危険性を理解させた上で、水の浸入を阻止する技能を身に付けることが重要となる。特に鼻からの水の浸入には要注意である。前述（P.110）のように、鼻に水が入り耳管を通って耳へ上がってしまうと「めまい発作」が起きるからである。

致命傷を回避する、実は柔道の受身に同じ考えがある。投げられた際、最も守らなければならないのは頭部である。そこで初心者には背中から畳に落ちた瞬間、顎を引くという練習を繰り返し行う。最初は自分で後方に転びながら、慣れてくれば相手に投げてもらいながら練習するのである。(受身にはこれ以外にも衝撃を緩和するために腕で畳をバーンと叩く、脱力して全身で衝撃を吸収する等の技術がある)

こうした受身を学習していたお陰で事故に至らなかった経験が私にはある。50代半ばのことである。翌日の理科の授業の準備のため私は実験台に上がり天井に振り子を取り付けていた。その時、足を踏み外したのである。「あっ」と思った瞬間、体が宙に放り出された。そして今までに何度も経験した感覚がよみがえってきた。スローモーションのような感覚であった。顎を引くと同時に脱力し、背中全体で落下の衝撃を受け止めていた。身体の勝手な反応だった。怪我も痛みもなかった。もし私に柔道の経験がなかったなら、大怪我に至っていただろう。

柔道「頭部を守る」＝水泳「鼻・口への水の浸入を防ぐ」、である。

❼危機の際の行動パターンを教える

危機に遭遇した際、命を守るためには一つの行動パターン（＝技能）を教えておくことが重要である。東日本大震災で釜石の小中学生が地震が起きた時、すぐに高台に避難するという行動をとって自らの命を守ったようにである。

「突然の危機にどう行動させるか」防災教育では常識となっていることが、残念ながら水泳の授業においては常識になっていないのである。

では、どのような行動パターンが有効なのだろうか。

水難事故防止訓練においては背浮きがよく紹介されている。が、突然深みに落ちたときの心理状態を考えたならば難しいことである。背浮きになるためには、ある程度の心理的なゆとりがないとできないからである。ましてや背浮きには周囲が見えにくい（視界が確保できない）というマイナス面がある。

自分の置かれた状況を知り、対応を判断し、選択肢の一つとして選ぶのなら背浮きは非常によい方法である。体力を無駄に消耗しないからである。

次に「すぐに泳ぎ始める」は、どうだろうか。これもあまり勧められない。「溺れる者はわらをもつかむ」という心理状態（パニック）の解消にはならないからである。また、上級者でないかぎり体力をすぐに消耗してしまう。

落ち着かせ、しかも周囲の状況を判断できる方法が望ましいのである。

こう指示する。

> 突然、深みに落ちたときはダンゴムシになりなさい。
> 同時に手で鼻と口を塞ぎなさい。

「ダンゴムシ」はイメージ語である。「連続だるま浮き」や「ラヌーの浮標」と指示するよりも、子供たちには覚えやすいのである。「机の下にもぐり込んでダンゴムシになりなさい」などのように、地震の際の行動パターンとしても使われている。次のように説明する。

もし深みに落ちたら、ダンゴムシになってすぐに沈みます。同時に水が入らないように手で鼻と口を塞ぎなさい。
そうして4秒がまんすれば必ず浮いてきます。その後ゆったり沈んだり浮いたり（連続だるま浮き）を繰り返します。必ず気持ちが落ち着いてきます。落ち着いてきたら、足先を伸ばして底を探ったり、周囲の状況を見たりします。つかまることのできそうな漂流物がないか、岸までの距離は何ｍくらいなのかなどを観察するのです。状況がわかれば、さらに気持ちは落ち着いてきます。すると、適切な判断ができるようになってきます。この後、背浮きになって助けを待っても良いし、このまま連続だるま浮きやラヌーの浮標を続けていてもよいのです。

❽様々な危機場面を教える

釜石の子供たちは、流体実験装置を通して津波の破壊力のイメージを持っていた。危機に対応するには、このような危機場面を知識として持っていることが重要である。

そのためにも、深いところに落ちた場面をイメージさせたりする。

○池で釣りをしていて足を滑らせて落ちた。
○海水浴で浮き輪に乗って遊んでいると、沖でひっくり返った。
○川で泳いでいると深みに足をとられ頭まで沈んでしまった。
○ボートが大きな波を受けてひっくり返り、海に投げ出された。
○船のデッキから何ｍも下の海面に落ちた。

深さ以外の状況もイメージさせておく。

溺れる季節は夏とは限りません。夏なら水温も高く、寒くはないでしょう。でも、冬ならどうでしょう。冷たい水の中に放り出されたら、ダンゴムシになってすぐに沈むなんてことができるでしょうか。

サバイバルスイミングには実技だけでは十分とは言えない。様々な危機場面の知識やイメージが加わって、危機に応じた行動が可能となるのである。

ただ、今のカリキュラムでは、これらを指導する時間枠はほとんどない。しかし、できないことはないのである。プールの授業の際にイメージをさせるのである。いわばイメージトレーニングである。

例えば「冬の冷たい海に落ちました。連続だるま浮きで5分間のサバイバルです」と。こう指示した後、プールサイドからの落下場面から開始するのである。

❾ラヌーの浮標と連続だるま浮き

ラヌーの浮標とは浮き沈みの技能である。フレッド・ラヌーという人が考案したのでこのような名前がついている。くらげのように波間を漂いながらときどき頭を上げては息をするのである。水難事故防止に非常に有効でノルウェー海軍でもこの方法が採用されている。

実は「連続だるま浮き」はラヌーの浮標をヒントに考案したものである。

ラヌーの浮標

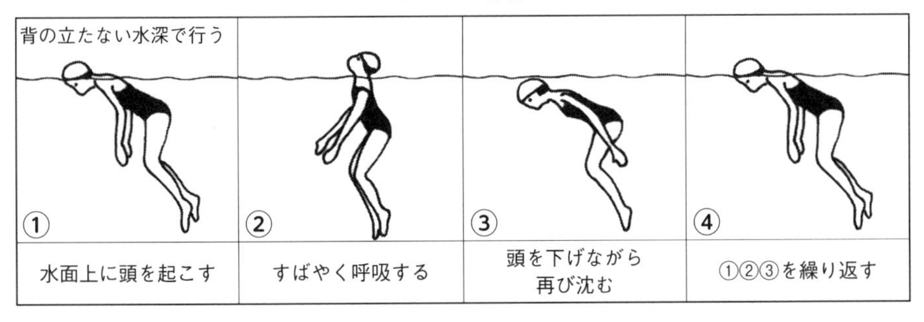

NHK出版「ベストスイミング」より

私は子供のとき溺れかかった経験が2度もある。そのため、NHK番組「ベストスイミング」でラヌーの浮標が紹介されたとき、すぐに授業で試そうと思った。しかし、小学校のプールは浅くてできないのである。苦肉の策として体を丸めさせたのである。

これが「連続だるま浮き」の誕生だった。

当初はヘルパーをつけていなかった。するとなかなか水面まで浮かび上がってこれない子もいた。

時間がかかる子は呼吸がもたず何回も続けることができない。沈んでから浮き上がるまでの個人差を解消しようと思いついたのが腰ヘルパーであった。これならどの子も同じ時間で浮いてくる。浮いてきたらそこで頭を上げて「ン〜ン、パッ」と呼吸をすればいいのである。

以上がワンタッチヘルパーを用いた連続だるま浮き誕生の経緯である。

連続だるま浮きによって養われる浮沈力が命を守るためだけでなく、泳げない子をなくすための核となる技能でもあることには、この時はまだ気付いていなかった。

2 小学校水泳の実態と課題

❶学習指導要領における「命を守る水泳学習」の位置づけ

東日本大震災以降は「命を守る」教育の重要さが再認識されているが、小学校の水泳授業（以下学校水泳）において「命を守る水泳指導」はどのように位置づけられているのだろうか。

以下、文部科学省『学習指導要領』小学校高学年「水泳」の技能及び態度の目標である。下線部は命を守ることに関連があると思われる箇所である。

（技能）

次の運動の楽しさや喜びに触れ、その技能を身に付けることができるようにする。

ア　クロールでは、続けて長く泳ぐこと。

（25m～50m程度を目安）

イ　平泳ぎでは、続けて長く泳ぐこと。

（25m～50m程度を目安）

（態度）

運動に進んで取り組み、助け合って水泳をしたり、水泳の心得を守って安全に気を配ったりすることができるようにする。

ア　クロールや平泳ぎに進んで取り組むこと。

イ　約束を守り、友達と助け合って泳ぎの練習をすること。

ウ　補助具などの準備や片付けなど、分担された役割を果たすこと。

エ　体の調子を確かめてから泳ぐなど水泳の心得を守ること。なお、着衣のまま水に落ちた場合の対処の仕方については、各学校の実態に応じて取り扱うこと。

（下線：筆者）

水泳の心得を守って安全に気を配ったりする、水泳の心得を守るは文脈からしてルール的な意味合いや健康管理的な注意として解釈される。唯一、着衣のまま水に落ちた場合の対処の仕方が「命を守る」ことにつながると解釈される。

以上、学習指導要領に示されている技能は「続けて長く泳ぐこと」が主であり、「命を守る」の扱いは小さい。

実際、小学校現場では指導時間の大半が泳法に結びつく水遊びや泳法指導に当てられ、命を守る水泳（着衣泳など）は指導時数も少なくシーズンの最後に行われる程度である。当然のことであるが、学校現場は学習指導要領に沿って授業がなされているのである。

同様のことを鳴門教育大学准教授・松井敦典氏も指摘している。

学習指導要領における「着衣のまま水に落ちた場合の対処」に関する記述は極めて短く、その内容の選択と学習計画の立案は学校の担当指導教員の裁量に委ねられている部分が大きい。従って、水泳指導を担う教員自身が着衣泳に関する教材研究をすすめ、確固たる哲学と自信を持って、教育にあたることが重要となろう。

『日本水泳・水中運動学会2014年次大会　論文集』より

❷泳法指導すらままならない現実

学習指導要領が目標とする泳力はクロールや平泳ぎで25m～50m程度である。全国的に見れば25mの泳力の保証に悩んでいる学校は多い。泳げない子は**「みんなどうして泳げるのだろう？」**とあきらめ、泳げる子は泳げない子を見て**「どうして泳げないの？」**と不思議がっている。教師は**「一生懸命指導しているのだけど泳げる子と泳げない子がいるのだよ」**という心境である。

では小学校6年間の水泳学習を終了した子供たちの泳力はどの程度なのであろう。インターネット上に公開されている九州地方A県と近畿地方B市のデータを見てみる。

学習指導要領が最低の目安としている25mに到達していない子の割合は

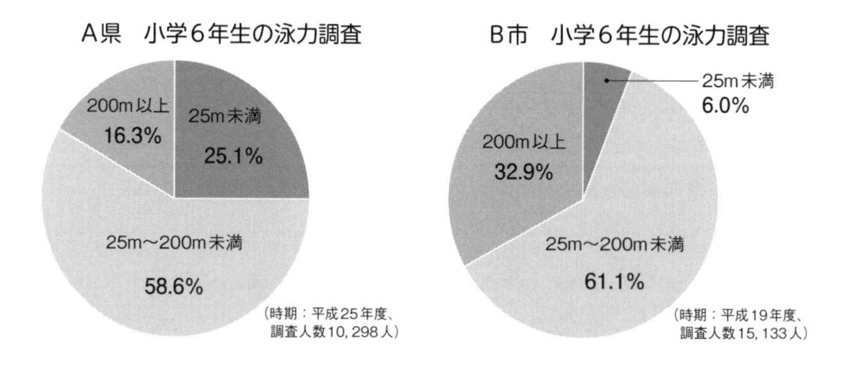

A県25.1%、B市6.0%である。A県は指導に苦慮しB市は目標を概ね達成していると言えるだろう。

25mを基準としてみる。

するとA県74.9%、B市94%の子が泳げるということになる。

しかしである。何mを泳げれば「泳げる」と言えるのか。25mはプールのサイズに合わせた泳力観ではないのだろうか。

私は200m以上泳げる子の割合に注目したい。200mを越えるとほとんどの子が「呼吸が楽になった」と答え、測定する時間さえ十分に与えれば1000m以上を泳ぐようになるからである。

25mを基準にすると
約8割以上が泳げる

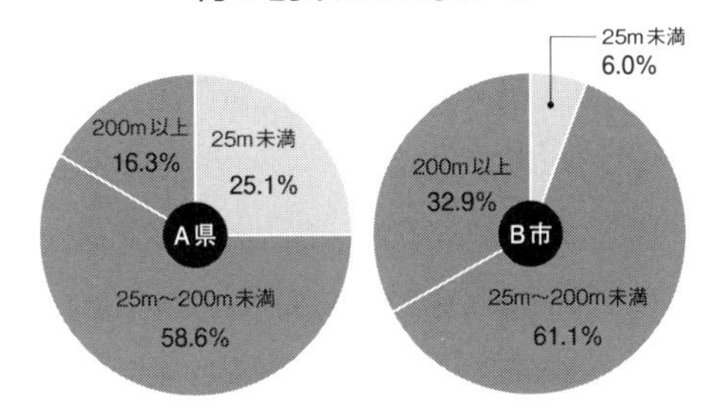

200mを基準にすると
約7割以上が泳げない

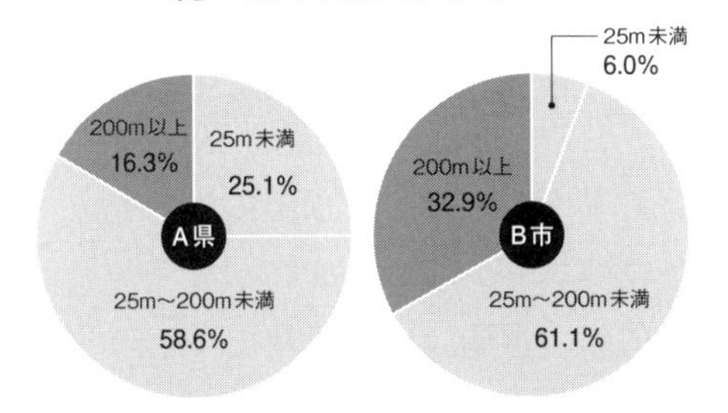

成人も同様である。荒木昭好氏は「脱落するものは100m以下で脱落し、200mを越えると大部分が1000mを泳いでしまう。すなわち、泳げるか泳げないか、ひとりで離しておいても安全か、安全でないかの境界は200mぐらいにありそうである」と著書『水泳』（成美堂出版）で述べている。

B市は全国的に見ても泳力の高い地域である。そのB市でも200mを基準にするならそれを越える子は32.9%である。これは67.1%の子が200mに達していないということであり、荒木氏の泳力基準からすれば命を守るだけの泳力をつけるに至っていないことになる。

以上、学校水泳においては命を守る水泳指導以前の問題として泳法指導すらままならない現実がある。

❸プールから逃避する子ら

第1章で紹介した小学6年生K子さんを指導するきっかけになったのは「プ

ールから逃避する子ら」であった。

K子さんのクラスの男子は半数近くがいつも見学していた。それだけでなく学校生活においても気になる様子が見られ始めていた。私はこの男の子たちに自信を持たせたくて「25mを泳げない人はこの3連休の間に指導します。希望する人は今日中に言ってください」とクラス全体に声を掛けたのである。しかし手を挙げたのはこうした男の子たちではなく、K子さんであったのである。

2013年の事例。6年の授業を指導する中で私は毎回見学する一人の女の子に出会った。Rさん。初日のみ参加し2回目以降は見学ばかりになった。Rさんは6年生なので今年を逃すと後がない。そのため「放課後でも休日でもいつでも教えてあげるよ。必ず泳げるようになるから」と何度も声をかけた。だが、Rさんの返事には「私は泳げなくていい。このままでいい」という決意のようなものが感じられた。結局、何も指導することなくRさんの小学校最後のプールは終わった。

同年の事例。ある学校で「生理」を口実に1ヶ月に4回も見学した女子児童がいた。その胸の内を察するに痛ましい事例である。

2014年の事例。6年生122人に私は5回の授業を行った。3回以上見学した子が15人もいた。その内全見学（つまり一度もプールに入らない）3人。毎回の授業には10人以上の見学者がいた。皆勤は60人、過半数に満たない状態であった。

以上、私は毎年のようにプールから逃避する子らを見てきた。

問題はなぜこうした子供たちが出てくるのか、ということである。

こうした子供たちにとって、泳げないことは自分の運命のように思っている。「今の泳げない自分」と「願望としての泳げる自分」の間には決して超えることのできない高い高い壁が存在する。

心の壁がどのようにしてできたのか。それは何度も何度も失敗経験を繰り返させられてきたからである。4年生ぐらいまでは来年こそはと望みを将来につないできた。しかし5、6年にもなると希望が絶望に変わる。

現在行われている水泳指導法のほとんどが「失敗経験をこれでもかこれでもかと繰り返させている」状態なのである。

だが指導している教師は、そのことに気付いていない。また罪悪感もない。なぜなら、泳げない原因は指導法にあるとは思っていないからである。「どうにかしてあげたいけど指導しても効果のある子とない子がいる。それは仕方がないことなのよ」という認識なのである。

実は「泳げない」と「泳げる」の間にある「実際の壁」はほんの20cm、30cmほどの高さにしか過ぎない。一またぎで越えられる、それほど簡単で低い壁なのである。

しかし子供たちの心の中にある壁は10mもそれ以上もある。努力しても決して乗り越えることのできない「心の壁」が立ちはだかっているのである。

さらなる問題はこれが水泳だけにとどまらないということだ。他のちょっとした“困難”に対しても「努力してもできない」、「自分には無理、能力がないから……」という自己否定の心理状態に追い込んでしまうのである。

心の壁が授業の中でつくられている。

授業とは、できないことをできるようにする、わからないことをわかるようにするものである。

授業とは、「心の壁を取り除き、自信を与えるもの」である。

が、現在多くの学校で行われている水泳授業の多くは逆の結果をもたらしている。

「プールから逃避する子ら」の姿は泳法指導すらままならない現実を反映したものなのである。そして、小学校6年間の水泳指導に対する子供たちの無言の抗議のようにも思えるのである。

❹ある疑い……「スイミングに行っていない子が475mも泳げるはずがない」

授業とは「子供のもつ差別性との闘い」という一面を持つ。

3年生を担任していた1990年7月9日のできごとである。

この日、水泳の泳力テストをした。授業後、ちょうちょう背泳ぎで何m

泳いだか、子供たちが表に記録していた。Ｙさんが475ｍと記入したとき、Ａ君が言った。「え〜っ、うそじゃあ。そんなに泳げるわけないわあ」。

次のような理由をつけてである。

「スイミング（スクール）に行っているＢ君でさえ450ｍなのに、Ｙさんがそれよりもたくさん泳げるはずないわあ」。

Ｂ君、そして他の大半の子供たちもこの言葉に同調した。Ｙさんに味方した子は数人しかいなかった。

Ｙさんは涙を流し続けていた。

私はこの様子を見て、次のような意識が子供たちの中にあることが問題だと思った。

できる子とできない子の立場は変わるはずがない。 （スイミングスクールに通っている子にはかなわない）

それにしても疑いをかけた根拠が許せなかった。スイミングスクールに通っている子よりも多く泳げるはずがない、という根拠が……。

Ａ君もＢ君もスイミングスクールに通っている子である。当然、優れた泳力を持っている。

この２人に対しＹさんは、３年生になっての最初の水泳の授業では12ｍしか泳げなかった子である。だが、授業の中でぐんぐん泳げるようになってきた子である。

Ｙさんにかけられた疑いを晴らし、子供たちの意識を少しでも変えるためには「Ｙさんは本当に475ｍを泳げるんだ」という事実を他の子供たちに見せることしかないと考えた。

２日後、Ｙさんにもう一度泳いでもらうことにした。しかも泳力テストに要したのと同じ条件（23分という制限時間内）で。

疑いを晴らす

全員をプールサイドに並ばせた。

「事実はどうなのか、自分の目で確かめなさい」と、私はきつい語調で言った。

Ａ君とＢ君は緊張している。だが、一番緊張しているのはＹさんである。Ｙさんがプールの中へ入った。大きく息をした後、スタートした。最初の25mは飛ばしすぎである。後半バテないか心配した。100mを過ぎたころから、ややリラックスしてきた。ラップタイムは4分かかっていなかった。この時点でＹさんにかけられた疑いは誤りであったことを私は確信した。結局、475mを泳ぐのに要した時間は20分48秒であった。

Ｙさんがゴールした時、見ていた子供たちから拍手が起こった。Ａ君とＢ君はばつの悪そうな顔をしていた。

授業後の変化

1人だけが泳ぎ、他の子は見ているだけの水泳の授業であった。授業とは言えないかもしれない。だが、この授業の後、次のような変化が起きた。

Ａ君、Ｂ君	……自分の泳力を誇示するような勝手な行動が見られなくなり、水泳の授業に真剣に取り組むようになった。
他の子供たち	……むやみに同調することがなくなった。

Ｙさんが明るさを取り戻したのは言うまでもない。もし、私が鈴木勘三式背浮き指導法を知らなかったら、このような授業はできなかったであろう。

余談だが、中学生になったＡ君は愛媛県中学総体バタフライ100m、200mで1位、Ｂ君は同じ大会で平泳ぎ100mで1位になった。さらにその後高校生になったＡ君はバタフライ200mで四国高校新記録を樹立した。

❺命を守る力とは

水難事故に遭った際に命を守る力とはどのような力であろうか。

水難事故で命を守ることのできない**根本的な原因**は「泳げない」ということではない。「**呼吸ができない**」ということである。

200mを泳げるということの重要性は200mという距離の問題ではない。200mを泳げる技能に達すると1000m以上も容易に泳げるようになり、その間呼吸を続けることができるということなのである。

だから、水の中で「**長時間、呼吸を続けられる力**」をつけてやればよいのである。

では、呼吸ができない理由は何か。それは当たり前のことであるが水が口・鼻を塞ぐからである。深くて背が届かず水面上に口・鼻を出すことができないからである。

つまり、

深いところでも呼吸を続けることができる力

が命を守る力である。

呼吸を続けるには長時間浮き続ける力をつけてやればよい。例えばビート板やペットボトルなどの浮き具を抱えて浮き続けるのである。ラッコ浮きなどの背浮き姿勢、だるま浮き・クラゲ浮きなどの伏臥姿勢、立位姿勢がある。このポッカリと浮き続ける力を**浮漂力**と呼ぶことにする。

また、ずっと浮き続けていなくとも、**プカプカと浮き沈みを繰り返しながら呼吸する方法**がある。水面に顔を出したときに息継ぎをするのである。この力を**浮沈力**と呼ぶことにする。

❻なぜ学習指導要領に「命を守る」ことが入っていないのか

冒頭に紹介した通り学習指導要領には「命を守る」ことが入っていない。これはなぜなのだろうか。

その理由を探るにはプール環境が整っていない時代にまで遡る必要がある。

プール環境が整っていない時代、水泳の場は海や川、湖沼などの自然の水辺であった。自然環境の中で泳ぐことが「普通」であり、「泳げる」とは自然環境に適応する力を当然持っているということでもあった。

例えば海の沖まで行って帰ってくることができるだけの泳力を有している

ことであり、例えば川岸から深みに飛び込み、河原に上がってくるだけの泳力を有していることであった。**泳げるということ自体が「命を守る」ことを含んでいた**のである。

こうした海や川で泳げる力は当然のことながらプールの中でも泳げる力を含んでいた。

その後、1961年制定のスポーツ振興法によってプールは全国の学校に急速に普及していった。当初、**プールは自然環境に適応する力を効率的に育成する、そのための練習の場（手段）**として整えられてきた。

しかし、プールが普及し、プールで活動することが「普通」になると、いつの間にか**プールという人工的な環境に適応する力**の育成が目的となってしまったのである。

問題はプールに適応する力を持っていても自然環境に適応できるとは限らないということである。換言すれば「命を守る」ことができるとは限らないのである。

なぜなら、プール環境には以下のような「自然環境が有する大半の条件」がないからである。

○深さ（背が届かないような）
○流れ（押し流されてしまうような）
○水温（場所により変化する）
○その他（生き物など）

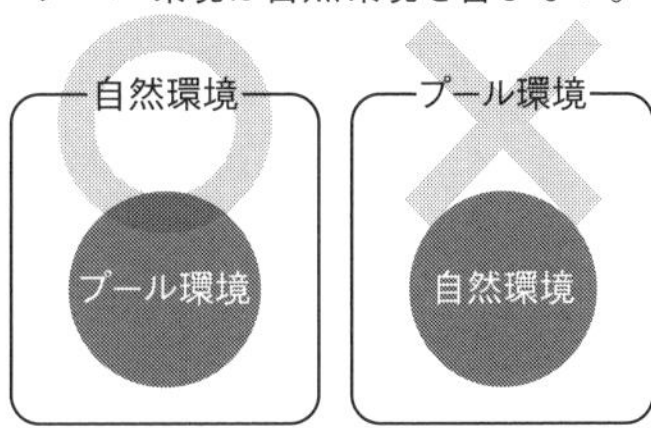
自然環境はプール環境を含む。
プール環境は自然環境を含まない。
自然環境
プール環境
プール環境
自然環境

加えて、「自然環境に適応する力をつけるという想定のもと」での学習、「水の事故に遭ったときに命を守るという想定のもと」での学習が行われていないからである。

本題に戻る。

①「泳法をマスターすること＝命を守ること」であったのはプールが普

及してなく自然環境の中で泳ぐことが「普通」であった時代にのみ言えたことである。
②自然環境に適応する力を学校内で効率的に育成する手段であったプールが、いつの間にかプールに適応する力をつけることが目的になってしまった。
③プールで泳ぐ力を育成すれば海や川での水難事故に対応できる、と誤って認識されている。

つまりプールで泳げる力をつければ「命を守る」ことに結びつくと捉えられていることが学習指導要領に「命を守る」が入っていない理由である、と推測されるのである。

あくまで著者の推測であるが、次に紹介する資料がその裏付けにはなるのではなかろうか。

1999年（平成11年）5月12日発行の『学校における水泳事故防止必携』（文部省体育局監修日本体育・学校健康センター編）である。プールを主体とした水泳学習の課題を指摘している。

水辺活動における事故防止

「1　水辺活動の位置付け」

昭和40年代前半ごろまでは、夏休み中における学校行事としての臨海学校や海浜教室が、各地の海水浴場を中心として盛んに実施されていた。そこでは保護者の協力のもとに集団で生活を共にしながら、水泳訓練を主体とした学習活動が営まれ、学校を中心とした日常の環境では触れることのできない多面的な学習成果を上げていた。その後、水泳プールの普及をはじめとする多くの社会的環境の急速な変化に伴い、水泳学習の主体がプールに移行するにつれて、次第にこれら水辺での活動は実施されなくなった。今日のプールを主体とした水泳学習は、指導効率を高めて児童生徒等の水泳技能の向上に著しく貢献した。しかしながら、そこで獲得した水泳技能は、あくまでもコントロールされた水域での技能に留まり、波や流れ、また多様に変化する環境に対応しうる技能にまでには育成できていない。本来の水域である海・河川・湖沼等の自然環境（水辺）について理解を深めながら、プールで獲得した水泳技能を基礎として応用的・発展的に活動を進歩させるとともに、安全の限界について認識する機会を与えることは、「生きる力」の育成をはじめとするこれからの教育として望まれている内容にふさわしいものであるとともに、学習者の意欲と興味を喚起させる上でも期待できる。加えて、プール（学校）以外での水泳事故防止にまで配慮が行き届いてこそ初めて学校における教育の成果が完成するものといえる。

（中略）

プールで身に付けた泳力と自己保全能力を基礎的・基本的な資質として、豊かな自然に親しみながら展開される各種の水辺活動の中から、自らが選択したマリンスポーツを生涯スポーツとして実践する上にも役立つような知識と技能と態度の形成にまで視野を広げた水泳教育が望まれる。

（下線：筆者）

プールでの水泳学習の目的は何なのか。それを明確にして泳力と自己保全能力を保証する学校水泳を推進していきたいものである。

❼「命を守る」力を付けているか

前掲の『学校における水泳事故防止必携』に記されているとおり、プールでの事故は減少している。しかし、青年や成人によるプール以外（海・河川・湖沼等）での事故は増加の傾向を示している。

次のようなデータもある。「WHO（世界保健機構）の2004年統計によれば、わが国の溺死率は先進7カ国の中で最悪であるだけでなく、OECD加盟国の中でも最悪である。約半数が入浴中に起きていることを差し引いても、その溺死率は水泳教育の行き届いていない発展途上国並といってよい」（『体育科教育2011、07』鳴門教育大学准教授・松井敦典氏論文より）

日本の溺死率の高さは荒木昭好氏が1993年以前より指摘しているのだが、

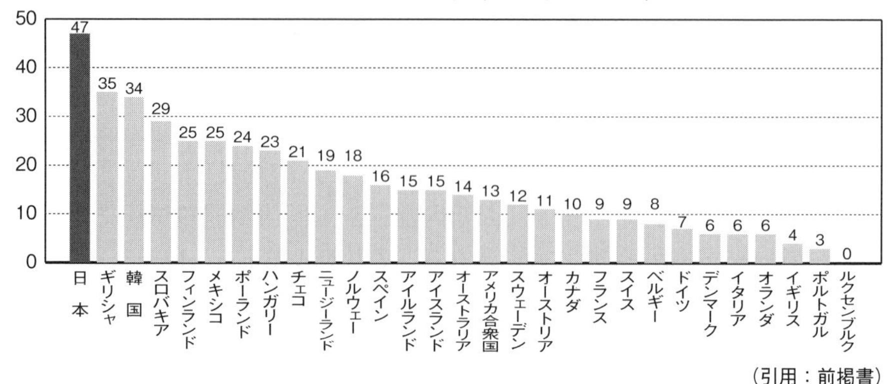

（引用：前掲書）

松井敦典氏が調査した2004年時点でも国際的に最悪の数字である。この数字は、日本の学校水泳が命を守る力をつけるに至っていないことを示しているのではなかろうか。学校水泳の方向を変えればこの数字を減少させることができるのではなかろうか。

❽学校水泳をいかに組み立てるか

現在、日本の学校水泳はクロール、平泳ぎなどの競技泳法の習得が中心になっている。そして我が国の溺死率が国際的に高い状況がある。指導者の意識から自然環境に適応する力をつけるという意識が希薄になってしまったことがこうした状況を生んでいると考えられる。

図①のように小学校での命を守る水泳の扱いは、シーズン最後に申し訳程度に行われているのが現状である。

図①　命を守る水泳の現状

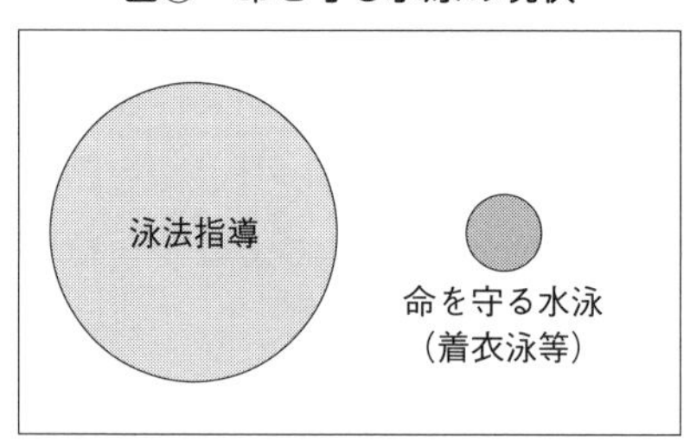

図②　命を守る水泳の比率を高めたいが……

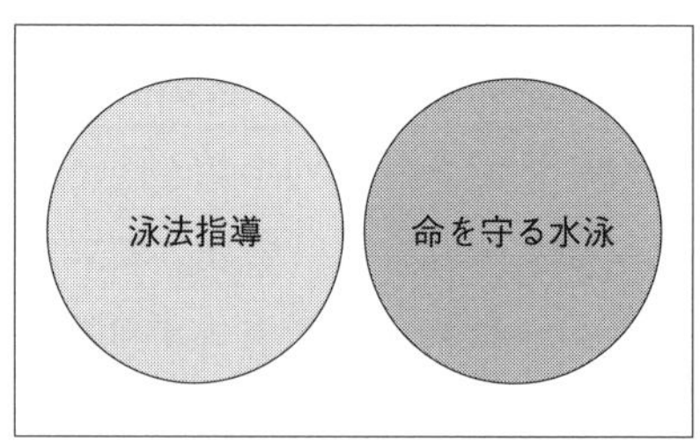

図②は「泳法指導」と「命を守る水泳」を別々のものとして扱うのだが、大きな課題がある。それは学校現場の現状は泳法指導において200m以上の泳力をつけることができていないということである。命を守る水泳の比率を高めたいが、泳法指導すらままならないという現実がある。精一杯努力しているのだが泳げるようにすることができない。そこがクリアできないのに命を守る水泳にまで時間を割くことができない。

課題はわかっているが、解決方法がわからない、という状況なのである。

では学校水泳をいかに組み立てれば解決の方向に向かうのだろうか。

図③　水泳指導の中に命を守る水泳を組み入れる

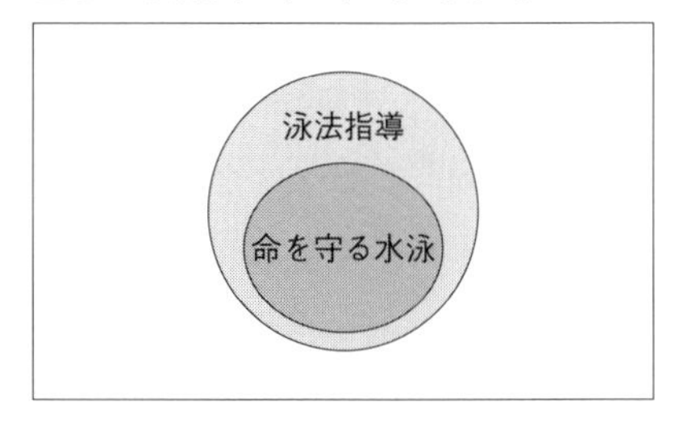

図④　命を守る水泳の中に水泳指導を組み入れる

図③は泳法指導を充実させればそれが命を守る水泳にもなる、という組み立て方である。ただ、これも前述の図②と同じ課題がある。200m以上の泳力をどのようにしてつけるかということである。仮に200m以上の泳力をつけることができたとしても子供たちの意識が泳法の習得に向き、ややもすれば命を守ることへの意識が弱くなるという問題が残されている。

図④は命を守る水泳が泳法指導を包括するという組み立て方である。命を守る水泳の充実が泳法指導の効果を上げるというのである。この組み立て方は命を守ることが第一義であるため、命が危険にさらされる場面を想定するようになる。子供たちにも危機に備える意識を育むことができる。同時に命を守る技術としての浮沈力が200m以上の泳力を保証することを可能にしている。

実は図④に非常に類似した姿を昭和30年代の海辺の子供たちに見ることができる。その頃の子供たちは突堤や橋から楽しみながら落水体験を何度も繰り返していた。落水した後は水面に浮かび上がってきて、そこでプカプカと浮き沈みをしていた。また、遥か沖まで泳いでいき、疲れたら海をまるでベッドのようにして寝て休んだりしていた（仰向けで浮き続けていた）。水泳とは学校で教えてもらうものではなく、自然におぼえるものであった。しかも25mや50mではなく、数kmであった。子供たちは水遊びをしながら海に親しみ友達になっていく。自然環境の中で子供たちは成長とともに「海とのお付き合い」を深めていったのである。結局このことが命を守る術をいつの間にか身に付けることになっていた。これらが波の穏やかな瀬戸内海の夏の光景であった。

さて、筆者は図①～④すべてを試してみた。

顕著な効果が上がったのは図③と図④であった。小学校高学年において9割以上の子が平泳ぎ、クロールともに何百ｍも泳げるようになった。秘訣は連続だるま浮きに代表される浮沈力を5分間以上できるようにしたことにあった。

しかし図③と図④、泳ぐ距離は同じでも意識は全く違っていた。

図③の場合、子供たちは長い距離を泳ぐことにのみ喜びを見出し、命を守ることへ意識が向かなかったのである。

図④の場合、子供たちは命を守るための水泳という意識をしっかりと持ち学習に取り組んだ。そして気が付けば、いつの間にか何百ｍも泳げるようになっていることに驚くのであった。

❾水難事故を想定した授業

結論である。

命を守る力を付けるためには「25m泳げないといけない」という発想ではなく、「水難事故に出遭ったこと（落水等）を想定し、それに対処する力をつける」という発想で学校水泳を組み立てていけばよい。

以下は不意に落水した場面及び命を守る行動を想定したものである。

①不意に落水する
②水面に浮かび上がる
③浮き沈みを繰り返して呼吸を続ける（浮沈力）
④浮き漂う（浮漂力）
⑤移動する（泳ぐ）
⑥岸に上がる……等

これらをプールで疑似体験し、対処する技能を身に付けるのである。

ただ、小学校のプールは浅く水難現場のような水深を確保できない。一工夫が必要である。浅くて足がつくのであるから、足がつかないように体を丸めるのである。体を丸めて浮かび上がったり、浮き沈みを繰り返して呼吸を続ければよいのである。

具体例を紹介する。

①→足からの落水
②→だるま浮き
③→連続だるま浮き
④→ライフジャケットを着用したりペットボトルを抱えたりしての立位での浮漂や背浮き
⑤→従来から行っている泳法指導
⑥→水面からプールサイドへ自力移動

である。

これらの中で命を守る上で核となる技能は①～④であり、同時に何百ｍも泳げるようになる上で核となる技能でもある。

泳げるようになることだけを目指すと泳げるようにはならない。が、「命を守る水泳」を目指すと簡単に泳げるようになる。高学年なら９割の子が３、

4回の授業で何百ｍも泳げるようになる。何よりも水泳授業に対する子供たちのモチベーションが非常に高いものとなる。これが最大の違いである。

プールを「巨大な水槽」と捉え、その中を移動する技術だけを高めようとするのか、それとも「自然の中で身に降りかかるかもしれないことを疑似体験する場」と捉え、命を守る力を育成しようとするのか、あなたはどちらを選ぶだろう。

⑩学習指導要領への提案

学校水泳の方向は学習指導要領によって決まる。もしも「命を守る」ということが水泳学習の目標として示されたなら、日本の学校水泳は様変わりすると思うのである。

子供たちが水に親しみ、かつ200m以上の泳力が保証される、そして我が国の将来における溺死率を下げるような学校水泳に、である。

目標に次の言葉を加えることを提案する。

> 水泳は第一義的に命を守る学習であることを理解させる。

そして技能面には次の言葉である。

> **〈1・2年生〉**
> 長時間（5分以上）、浮き続けて呼吸を続けることができるようにする。
> ※補助具などを使用して行う。
>
> また、水難事故に備えてライフジャケットの使用を経験させておく。

> **〈3・4年生〉〈5・6年生〉**
> 長時間（5分以上）、浮き沈みを繰り返して呼吸を続けることができ

るようにする。
※水深が確保できない場合には体を丸める（だるま浮き姿勢等）などして行う。

以上、命を守る力を保証する学校水泳が確立されることを切に願うものである。

3 命を守る6年間の水泳プログラム

❶小学校6年間の水泳授業をどうプログラムするか

水難事故に遭った際に命を守る力をつけ、同時に泳力を保証するために小学校6年間の水泳授業をどうプログラムするか。

次頁の表「命を守る水泳指導　6年間のプログラム」がその構成案である。

「今更、こんな案を出さなくとも万能型プログラムがあるじゃないか。それで十分ではないのか」という声が聞こえてきそうであるが、実は万能型プログラムだけでは不十分なのである。

万能型プログラムを駆使しても、最後に数%の泳げない子が残ることがある。その数%の子供たちに共通していることが「水に対する不安、恐怖心」である。水に対する心の問題なのである。

だから「水が大好き」「水の中にいると気持ちいい」という心を育むには小学1年生からの「水との出会い」をいかに演出するかがとても重要になってくるのである。

そのための「6年間のプログラム」なのである。

以下「命を守る水泳指導　6年間のプログラム」の見方である。

ア　1回の授業を45分×2としている。各学年6回としている。

イ　3年生以上は「保健」の授業を加えている。水難事故に対する知識の理解を深めるためである。

ウ　初回と最終回に着衣泳を入れている。初回に着衣泳を行う学校は少ないであろうが、初回に入れることで「命を守る」ことが水泳学習の大きなねらいであることを子供たちに意識づけようとした。

エ　1、2年…2回目の授業は「浮き続ける遊び」である。ライフジャケットを着たり、ペットボトルやビート板を抱いたりして浮き続ける。水に身を任せれば浮くという感触を知った子供は水が大好きになる。特に実践してほしいのはライフジャケットである。

オ　1、2年…3～5回目の授業は①**鼻から息を出すこと、②落水する遊び、③浮き続ける遊び、④沈む・潜る遊び、⑤水中遊泳を楽しむ遊び、⑥浮き沈みする遊び**で構成している。鼻から息を出すことは最初に教えておきたい。これを教えていないと口からしか息を出せなくなる。すると鼻腔内に水が入ることがあり息継ぎを続けることができなくなる。②～⑥は水の事故に遭った場面を想定している。空中、水面、水中で必要な技能を遊びを通して習得できるように組んでいる。

カ　3～6年の「万能型プログラムによる…」は泳法指導である。万能型プログラムには落水を想定したメニューや浮沈力を高める連続だるま浮きがあり、これ自体が命を守る水泳となっている。なお各学年で行う万能型プログラムは基本型に1回加えた4回の構成にしている。より丁寧に泳法指導をするための「補充」である。

また、初歩的な泳ぎの範疇であるクラゲ足平泳ぎとちょうちょう背泳ぎは学習指導要領の示すように3、4年生で指導しておきたい。今までの指導経験からこの学年に適していると感じるからである。

命を守る水泳指導　6年間のプログラム

学年／回	1年	2年	3年	4年	5年	6年
1回目	プール開き（プールのきまり・使い方、ねらいを知る）					
	水慣れ、水遊び、着衣泳					
	片付け、整列、振り返り					
2回目	浮き続ける遊び		万能型プログラムによる **初歩的な泳ぎ** （クラゲ足平泳ぎ）	万能型プログラムによる **初歩的な泳ぎ** （ちょうちょう背泳ぎ）	万能型プログラムによる **平泳ぎ** **クロール** **背泳ぎ**	万能型プログラムによる **平泳ぎ** **クロール** **バタフライ** **その他の泳ぎ**
3回目 4回目 5回目	①鼻から息を出すこと ②落水する遊び ③浮き続ける遊び ④沈む・潜る遊び ⑤水中遊泳を楽しむ遊び ⑥浮き沈みする遊び					
6回目	サバイバルスイミング、着衣泳					
	プール納め					
保健			【保健】○水辺で多くの事故が起こり、死亡する人が少なくないことを理解できるようにする。 ○事故を防止するには、危険に早く気づき、的確な判断のもとに安全に行動することが必要であることを理解できるようにする。			

❷視点①……3つの空間での活動を想定する

空中、水面、水中の3つの空間での活動を想定するとよい。

例えば、落水は空中から水中へ移動することであり、岸に這い上がることは水中・水面から空中への移動である。

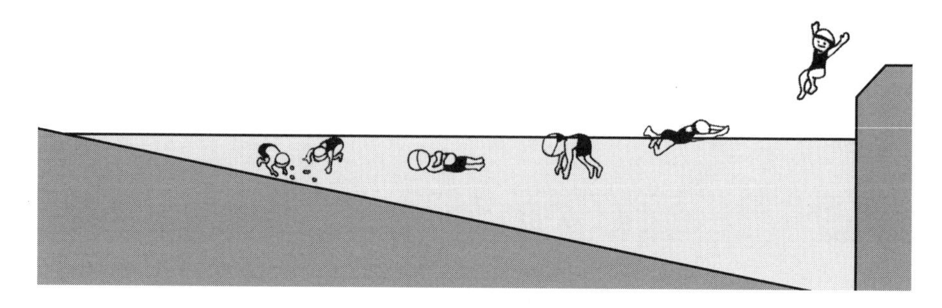

水中での活動は深さによって変わってくる。

腰がつからない程度の浅いところで水に触れる活動は「わにあるき」「おにごっこ」「ぞうの水あそび」「水かけっこ」などがある。

腰がつかる程度の深さでは「うずまきごっこ」「でん車ごっこ」などがある。

頭が沈む深さ（しゃがんだ場合も含む）では「かにのあわふき」「水中じゃんけん」「水中にらめっこ」「たからさがし」「わくぐり」などがある。この活動で重要なことは**鼻から息を出すこと**である。

水面での活動は浮くことが中心となる。ペットボトルやビート板を抱えての「ラッコ浮き」「ふし浮き」「だるま浮き」などがある。予算が許せばライフジャケットはお勧めである。「プカプカ浮くことは楽しくて仕方ない」と感じさせることがとても重要になる。

水面を境に水中と空中を行き来する活動には「ボビング」「連続だるま浮き」がある。「息を繋ぐ」ことが重要になる。

❸視点②……海辺の子が泳げるようになるまでの過程を再現する

今まで述べたことは島や海辺の子が泳げるようになるまでの成長過程の再

現と重なる。

結局、プールにおいても「海とのお付き合い発達図」と同等のステップで踏んで行けば命を守る力と泳力の双方がつくのである。

水中は宇宙空間とよく似ている。無重力に近い。

かつての海辺の子が味わっていたであろう無重力空間のおもしろさをプールででも味わわせてやりたいものである。

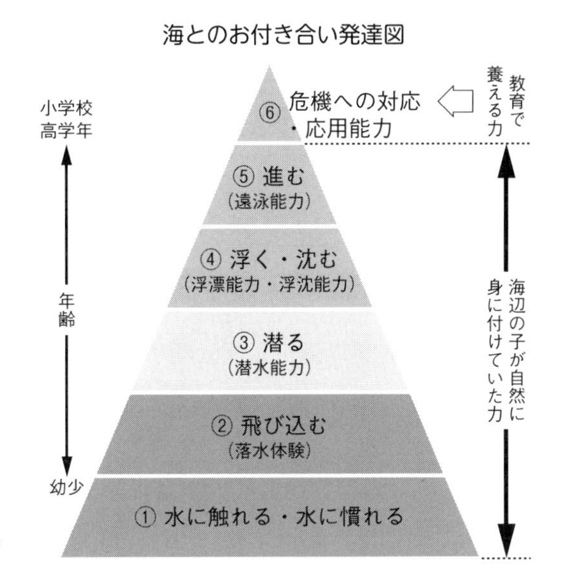

大学での私の講義
将来教師になる学生へ

1 将来教師になる学生へ伝えたい

東日本大震災以降、私は泳げない子をなくすため「浮沈力」を核にした指導法を広める活動に取り組んでいた。そして現場の教師だけでなく「将来教師になる学生」へも伝えたいと考えていた。

（当時の）勤務校が愛媛大学教育学部の近くであったことから、日野克博准教授体育研究室に「水泳指導法の講義をさせていただきたい」とお願いをしたところ快諾していただいた。

実は日野研究室からはこの半年前の2013年夏、私の水泳授業に3名の大学院生をアシスタントとして派遣してもらっていた。幸田達人さん、森本淳さん、結城翔一さんの3人に授業のビデオ撮影や観察・監視、極度に水を怖がる子らの個別指導に協力を得ていたのである。

2 愛媛大学教育学部での講義

2014年1月20日、愛媛大学教育学部201教室において19名の学生、院生に「～泳げない子をなくすために～　泳げない本質的な理由は何か」をテーマに講義をした。（講義内容は私の水泳理論に従ったものなので本書の内容と重複する部分が多い。そのため、発問と学生の考え、感想に絞って紹介する）

●　●　●

「私は隣の清水小学校に勤めている鈴木です。昨年の夏には幸田さんはじめ院生のみなさんに授業にご協力いただき本当にありがとうございました。本日はそのお礼と報告を兼ね、泳げない子をなくすために現場だからこそ見えてきた指導法をお伝えしたいと思います」

「(写真を見せて) 小学校6年生の3人の女の子。右端がK子です。K子は小学校6年間、一度も25mを泳げたことがありませんでした」

K子の作文（第1章第1節参照）を読んだ後、発問した。

発問1

K子が泳げなかった理由はなんでしょう。

次の中から選び、手元のプリントに書いてください。

①　身体が虚弱だったから
②　プールの授業をよく休んでいたから
③　スイミングスクールに通っていなかったから
④　水に対してトラウマがあったから
⑤　その他（その理由）

3分ほど時間をとり、この間机間巡視をしていった。列ごとに学生が発表をした。学生の回答は④16人、⑤2人（あきらめていた、意欲がなかった)、無回答1人であった。

実はK子が泳げない理由に①②④は該当しなかった。唯一スイミングスクールの経験がないことだけが該当した。

「①～④は泳げない理由というよりは、泳げないことに至った契機（きっかけ）と呼ぶべきものではないでしょうか。ではK子を含めた泳げないすべての子に当てはまる本質的な理由とは何でしょうか。今日はそのことについて考えていきます」

「K子は今まで水泳の授業をまじめに受けてきました。毎年の夏休みには

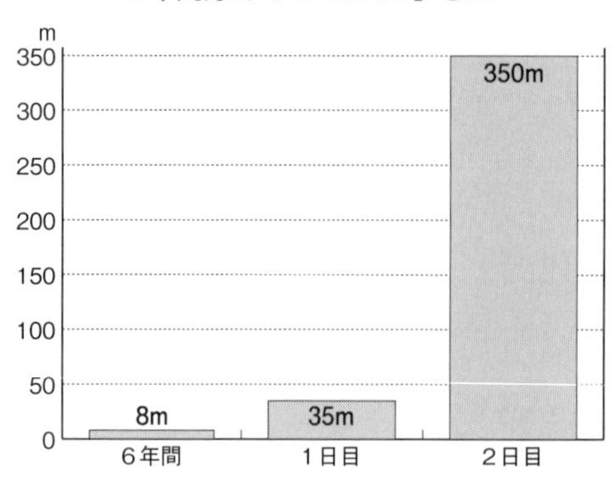

お母さんがつきっきりで練習をしていました。水に対するトラウマはありません。泳げるようになりたいという気持ちも強かったのです。K子には計2日の指導を行いました。結果はこの通りです。そして『今まであんなに泳げなかったのは何だったんだろう』と言っているのです。ここに本質的な理由が隠されているのです」

発問2

では、泳げない本質的な理由は何でしょう。

あなたの考えを書いてください。

【学生の考え】

○ 泳げない姿を友達に見られるのが嫌だった。

○ 授業で何を教えられているのかがわからないまま過ごしてきた。

○ 泳げるようになると思えない。泳げることに気づいていない。

○ 泳げることの必要性がわからない。

○ 泳げなくてもいいと思っていた。意欲が少ない。

○ 水泳の授業を退屈に思っているなど動機づけがうまくいっていない。

○ 水の中では呼吸ができないから。不安になる。

○ 指導がしっかりなされていなかった。指導法が間違っていた。
指導されても、どう体を動かしたらいいかわからなかった。

○ 泳ぎ方を知らなかった。正しく教えてもらったことがなかった。
経験が少ない。

「では次の事例を紹介します。小学4年生70人に対して行った授業です。この授業は万能型プログラムに沿って行いました」

万能型プログラムを配布する。

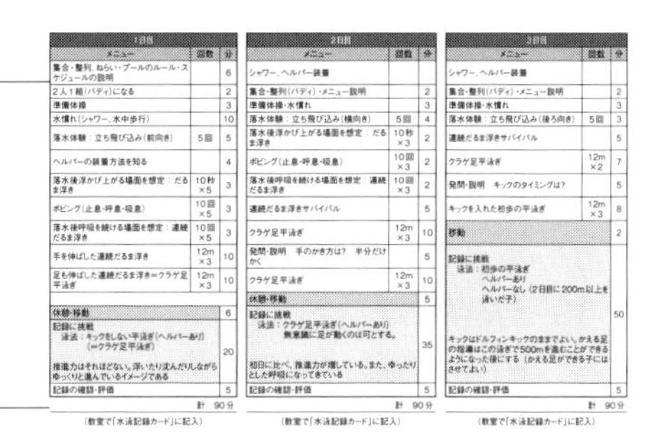

1日目		
メニュー	回数	分
集合・整列、ねらい・プールのルール・スケジュールの説明		6
2人1組(バディ)になる		2
準備体操		3
水慣れ(シャワー、水中歩行)		10
落水体験：立ち飛び込み(前向き)	5回	5
ヘルパーの装着方法を知る		4
落水後浮かび上がる場面を想定：だるま浮き	10秒×5	3
ボビング(止息・呼息・吸息)	10回×5	3
落水後呼吸を続ける場面を想定：連続だるま浮き	10回×5	3
手を伸ばした連続だるま浮き	12m×3	10
足も伸ばした連続だるま浮き＝クラゲ足平泳ぎ	12m×3	10
休憩・移動		6
記録に挑戦 泳法：キックをしない平泳ぎ(ヘルパーあり)(＝クラゲ足平泳ぎ) 推進力はそれほどない。浮いたり沈んだりしながらゆっくりと進んでいるイメージである		20
記録の確認・評価		5
	計	90分

(教室で「水泳記録カード」に記入)

2日目		
メニュー	回数	分
シャワー、ヘルパー装着		
集合・整列(バディ)・メニュー説明		2
準備体操・水慣れ		3
落水体験：立ち飛び込み(横向き)	5回	4
落水後浮かび上がる場面を想定：だるま浮き	10秒×3	2
ボビング(止息・呼息・吸息)	10回×3	2
落水後呼吸を続ける場面を想定：連続だるま浮き	10回×3	2
連続だるま浮きサバイバル		5
クラゲ足平泳ぎ	12m×3	10
発問・説明　手のかき方は？　半分だけかく		5
クラゲ足平泳ぎ	12m×3	10
休憩・移動		5
記録に挑戦 泳法：クラゲ足平泳ぎ(ヘルパーあり) 無意識に足が動くのは可とする。 初日に比べ、推進力が増している。また、ゆったりとした呼吸になってきている		35
記録の確認・評価		5
	計	90分

(教室で「水泳記録カード」に記入)

3日目		
メニュー	回数	分
シャワー、ヘルパー装着		
集合・整列(バディ)・メニュー説明		2
準備体操・水慣れ		3
落水体験：立ち飛び込み(後ろ向き)	5回	3
連続だるま浮きサバイバル		5
クラゲ足平泳ぎ	12m×2	7
発問・説明　キックのタイミングは？		5
キックを入れた初歩の平泳ぎ	12m×3	8
移動		2
記録に挑戦 泳法：初歩の平泳ぎ ヘルパーあり ヘルパーなし（2日目に200m以上を泳いだ子） キックはドルフィンキックのままでよい。かえる足の指導はこの泳ぎで500mを進むことができるようになった後にする（かえる足ができる子にはさせてよい）		50
記録の確認・評価		5
	計	90分

(教室で「水泳記録カード」に記入)

発問3

「万能型プログラム」を見て、思ったこと、気づいたこと、わかったこと等を書いてください。

【学生の考え】

○ 連続だるま浮きが毎回ある。

○ 浮く練習がメインとなっている。

○ “記録に挑戦”が長くなっていく。

○ ある一定の練習を繰り返している。呼吸や脱力を中心に組まれている。形を指導しがちだが、このプログラムでは形を最後に教えている。

○ 泳ぎ方の指導というよりも泳ぐための準備練習がメインとなっている。決められた泳法にとらわれず、前段階の泳法に重点を置いて指導している。

○ 泳げない子供が泳げるようになるための特訓のような厳しいメニューではない。

○ 浮く、息を吐く、止めるなどの基礎的な水中での動きを中心に行っているようだ。ヘルパーをつけることで泳ぐ感覚が簡単にわかる。ヘルパーをなくした後は、どうなるのだろうか。そのまま泳げるのか。

○ 段階を踏んで指導している。大事なところでは反復して指導している。

○ 泳ぎ方の指導が行われていない→泳げない子供は“泳げない”のではなくて浮き方を知らないだけなのではないか。

○ 泳ぐというより、水中でどのような姿勢や動き方をすると、自分のイメージ通りに体を動かせるか気づかせる内容が多い。

発問4

万能型プログラムでは意識的なキックをさせません。
キックをさせると泳げるようにならないからです。
なぜだと考えますか。

【学生の考え】

○ キックのリズムがわからずにバラバラになってしまう。
○ キックをしようと変に力を入れると足元が沈んでうまく進まないから。
○ キックをすることで体に力が入ってしまい、沈んでしまう。
○ 上半身に集中でき、息継ぎが安定しやすくなる。
○ 脚は筋肉が多い分、疲労が早くきて下半身が沈みやすくなる。

ここで、愛媛大の協力を得てビデオ撮影をしていた清水小4年生の授業の様子のビデオを視聴した。劇的とも言える子供たちのビフォー・アフターに驚きの声が上がった。

「本質的な理由を解き明かすもう一つの事例を紹介します。4年生70人のデータです。70人中25mを泳げない子が54人いました。この54人について見ていきます。54人の平均泳力はK子と同じ8mです。1回目は泳力テストです。どのくらいの泳力があるのか調べます。泳法は自由です。犬かきの子もいます。2回目から4回目までの泳法はクラゲ足平泳ぎ、キックをしない平泳ぎです。5回目はキックを入れた平泳ぎです。平均泳力363mです。6回目はクロールです。この日だけの指導で

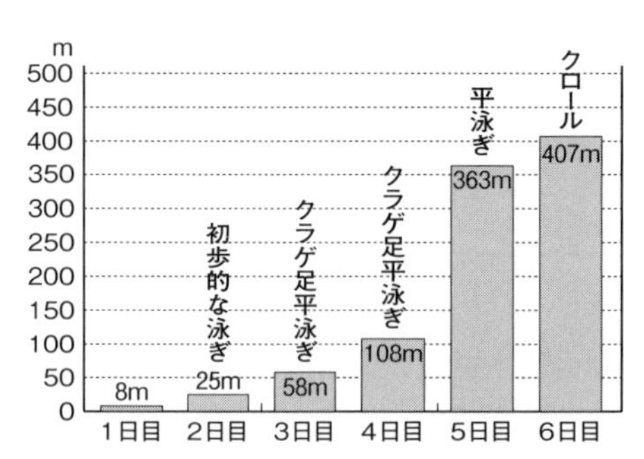

25mを泳げなかった54人の平均泳力の伸び

平均407mです」

「ただ、平均407mといっても一人一人を見れば大きな差があります。このグラフは54名の個別記録です。A…25m未満７人です。B…25m以上200m未満11人。C…200m以上33人。見学３名です」

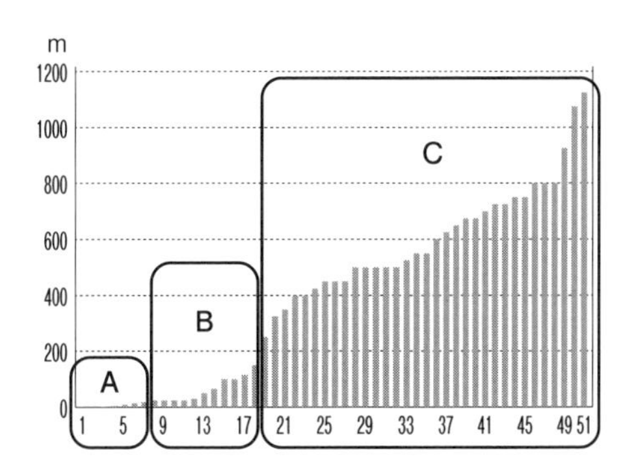

平均407m、54人の個別記録

「万能型プログラムを追試する上でのポイントの一つが泳ぎ込む時間を確保するということです。追試した教師の多くは50m、100mでやめてしまうのです。それだけ泳げればすごい、と思っちゃうんですね」

「もう一つのポイントが脱力と呼吸のリズムです。いつも緊張して全身に力が入っていると楽な呼吸ができず、リズミカルな動きは生まれません。脱力することで楽な呼吸ができ、リズミカルな動きが生まれます」

> 緊張を生み出す最大の要因は何だと思いますか？

「キックです。脱力させる方法はキックをさせないことです。キックをしないと下半身から沈みます。その問題を解消するために腰にヘルパーをつけます。ただ、いつになったらキックを教えるのかという問題が起きてきます。しかしキックをするとリズムが壊れます。相反することを解決する方法があります。リズムを壊さずにキックを加えることができる方法があるのです。**勝手に足が動くことを感じたらキックを入れなさい**と指示するのです。そうすると先につくられた浮き沈みのリズムにキックが自然に合流してきます」

> **発問５**
> 何mで「泳げる」と言えるでしょうか。
> また、その理由は何ですか。

【学生の考え】

○ 0m以上。その子が5m泳げたと言ったら、それは「泳げる」ということ。
○ 10m。溺れない泳法を身に付けていればいいと思う。
○ 25m。学校のプールは25mが多く、端まで行くと達成感があるから。
○ 25mを泳げる＝何mでも泳げる。
○ 25m泳げば何となく岸にたどりつく。
○ 泳いだ後に息が上がらず25m。
○ 50m。25mプールで行って帰ってくることができればOK。
○ 100m。
無回答（1人）、10m以下（2人）、25m（12人）、50m（3人）、100m（1人）

発問6

泳げない本質的な理由は何でしょう。

【学生の考え】

○泳げない子は皆同じ理由で泳げないわけではない。その子にあった解決策を考えるべき。
○泳ぎ方を知らない。泳ぐまでの段階的な指導がない。
○水中でうまく脱力できない。水と触れ合う機会が少ない。
○水をこわがっていること。力を入れすぎていること。泳ぐことをあきらめていること
○自分が練習すれば泳げるようになると思っていないこと。
○水に浮くという体験が少ない。沈むことが怖い。
○幼いときからの水との関わりの経験不足。浮くこと、力を抜くことを経験していない。
○必要以上に緊張しているから。

○「無理だ」と根本的に自分自身が思っている。

「最初に紹介したK子が泳げなかった理由は息継ぎのリズムでした。キックをすることでリズムの習得が阻害されていたのです」

私はここで泳げない本質的な理由として「脱力」を述べた。キックは緊張の原因であるが、キックをしなければそれで脱力ができるかというと、そうでない子もいる。全身を硬直させたままの子もいる。G男が泳げない理由は脱力にあると推測していると述べてこの講義を終えた。

しかしこの11ヶ月後、日本水泳・水中運動学会において原英喜氏の指摘を受けG男の泳げない理由が鼻から呼息をしていないことにあると判明した。原因は脱力ではなかった。そして、再度この講義の記録を読み返した。驚いた。「泳げない子は皆同じ理由で泳げないわけではない」と書いている学生がいたのである。学生の柔軟な視点に私自身大きなヒントを得た思いだった。

3 学生の感想

講義を振り返っての学生の感想である。

愛媛大学教育学部3回生　岡本紋佳

私も小学校3年生までかなづちでした。私の場合は、水に対するトラウマがあったため泳げなかったのですが、泳げない本質的な理由に、体が水に浮くという体験がない、沈むことが怖いということがあるんだということはとても納得しました。水に浮くことができれば、溺れることは回避されるので、まずは水に浮けるようにさせてあげることが大切だなと感じました。

私も水が怖く、泳げなくてつまらない思いや、辛い思いをしてきました。また、水泳は命に関わる大切な授業であり、泳げることは自分の命を守ることにも繋がるとおもいます。そのため、どんなに時間がかかっても、私も鈴木先生のように、泳げない子供をなくせるような指導のできる教員になりたいと思います。そして、水泳は楽しい、泳ぐことが好きだという子供を増やしていきたいです。

愛媛大学教育学部3回生　岡井美紀

私は、0歳のときから親に連れられてスイミングスクールに通っていたので、気づいたときには泳げるようになっていた。

泳げない子を見ると、なんで泳げないのだろうと心の中で思っていた。

大学生になり、小学生に水泳指導する機会があった。

私は自分が泳げるから指導できると思っていたが、まったく違っていた。

今回鈴木先生の指導法を聞き、泳げない子の苦手意識をなくし、泳げるようにしたいと強く思った。

自分の指導で泳げる子供を増やしたい。そして、津波や水難事故に遭ったとき、自分の命を守ってほしい。

命の大切さも知ってほしいと思った。

万能型プログラムを実践し、泳げるようになった子供と一緒に達成感や感動を味わいたいと思う。今回は貴重なお話を本当にありがとうございました‼

愛媛大学教育学部4回生　村上恵理

今回貴重なお話をありがとうございました。

私は夏に子供たちに水泳指導を行ったことがあります。

どうやったら子供たちが泳げるようになるのだろうと考えていたら、あっという間に時間が終わってしまった記憶があります。

泳げない子には様々なつまずきがあり、その段階を見極めて指導することが大切なのだと実感しました。

私は小学校の頃、水泳で溺れて友人をなくしました。

その子がしっかり、鈴木先生のような指導を受けることが出来ていたら、もしかしたら生きることができていたのかもしれません。

私は4月から小学校の教員になります。私自身、そこまで水泳が得意というわけではありませんが、子供たちが一人でも多く泳げるようになるために、万能型プログラムを実践してみたいと思いました。今後も、是非アドバイスなど頂けたら幸いです。よろしくお願いします。そしてお忙しい中、ありがとうございました。

愛媛大学教育学部3回生　脇 悠香

私は自分自身、水泳が得意ではないので指導もあまり積極的に行おうとはしていませんでした。水泳の指導に苦手意識がありました。

鈴木先生のお話を聞いて一番印象的だったことは、水泳の授業で具体的な指導がされてないような気がしました。

私が受けてきた授業は、クロールの手のかき方は……、平泳ぎのかえる足は……、などと指導されました。浮き方や息継ぎの仕方などはあまり教わってないように思います。

確かに、泳ぎが苦手な子供は、まず浮くことが出来ていません。また、息継ぎもできずに長距離を泳げていません。“泳ぐ”という感覚ではなく“浮いて進む”感覚を身に付けさせることで泳げるようになると思いました。この感覚を身に付けておけば、いざという時にも役に立つように思いました。今回のお話を活かした水泳の授業を行いたいです。ありがとうございました。

愛媛大学教育学部3回生　中濱千由紀

鈴木先生のお話を聞いて私が感じたことは、私の経験した水泳の授業とはイメージが全く違うものだということです。私は小学校でしか水泳の授業の経験がありませんでしたが、とにかく、まず水に慣れてから、プールサイドに腰掛けながら水中に入ってからバタ足をするなど、とにかく足の動きについてでした。指導も「とにかく全力でバタ足！　足を伸ばして」と言われ、足に力を入れ、授業の後はとても足がだるかったのを覚えています。

けれど鈴木先生の授業の「万能型プログラム」やお話を聞いていると、私の知っている水泳の授業とは真逆で、新しい発見でした。足に力を入れすぎないかどうかで、これほどまでに生徒たちに効果があらわれるとは本当に驚きました。

ぜひ、この授業を実践したいです。まずは私が泳ぎが苦手なので自分自身で試してみたいです。すてきなお話ありがとうございました。

愛媛大学教育学部４回生　　重川和真

私は、夏休み25m泳げない小学生の指導を行いました。そこで気になったことが、本日の授業でも言われていた「脱力」でした。 泳げない子ほど全身に力が入っており、うまく浮くことができず、なかなか前へ進むことができていませんでした。その時は「ゆっくり水をかいてみよう」と声をかけましたが、思うように脱力させることができませんでした。しかし、本日の授業を受けて、泳ぐことよりも、その前の段階をまずは見直す必要があると思いました。泳ぐよりも前に、「呼吸力」「浮沈力」「脱力」の３つのポイントを意識した指導を行い、泳ぐための必要な力を身に付けさせてから、泳ぐことにつなげていかなければ、なかなか泳ぐことは難しいと思いました。今年も小学生に指導する機会があるかもしれないため、その時は本日学習したことを活かして指導できたらと思います。本日はありがとうございました。

愛媛大学教育学部３回生　天野佐都子

私はこの講義を受けて、泳げないのはそこに本質的な問題があるということを学びました。実は、私もあまり泳ぎが上手な方ではなかったので、今回のお話はとても興味深かったです。私が泳げなかったのは、今思うと水と触れ合う時間がなかったのだろうと思い、さらに小学校の授業でも呼吸力、浮沈力を付けず、推進力のみを重視する内容であったと、今になって思います。また万能型プログラムを初めて拝見しましたが、特に変わった指導をしていらっしゃったわけではないように思いましたが、しっかりと事実に裏打ちされたプログラムであり、本質的な理由を取り除くためにとても有効なプログラムであると思いました。

泳げない子どもたちが3日で数百m泳げるようになるプログラム、ぜひとも私もこのプログラムを受けてみたいと思いました。

私自身、学生から大きなエネルギーをもらった思いである。講義の機会を与えていただいた日野克博氏には感謝の気持ちでいっぱいである。

第5章 私と水泳

1 私のマイナス体験

1979年（昭和54年）に愛媛県公立小学校の教師になった時、私は「せめて自分の教え子ぐらいは泳げるようにしたい」という気持ちを持っていた。

それは私自身の水泳に対するマイナス体験によるものだった。

私の母校の小学校は瀬戸内海に面した町にあり、海まで歩いて10分の田園の中に位置していた。その頃はまだプールがなかったため当然のことながらプールでの水泳の授業はなかった。が、夏休みになると海水浴が学校から許可されていた。毎年夏休み前になると、かまぼこ板で作った「命札」が担任の先生から手渡されていた。しかし私には1年生から5年生までの間、その「命札」を渡されることがなかった。「目の病気を夏休み中に治療しなさい」という理由からだった。当時、同じ理由で海での泳ぎを禁止された子が全校の半数以上いた。ところが6年生になると初めて命札をもらうことができた。許可が下りたのである。しかし、「やったー！　やっと海で泳げるぞ」という喜びは、すぐ疑問に変わった。この年から全員の子に許可が下りたからである。

「どうして今年からみんな泳いでもいいことになったのだろう？」「目の病気は治さなくていいのだろうか？」「新しい校長先生が来たからかなあ？」……。

何かスッキリしないものを感じ、担任の先生に質問に行った。「なぜ、今年からみんな泳いでもよくなったのですか？」

担任の先生は黙ったままだった。何も答えてくれなかった。

「なぜ、今まで許可してくれなかったのだろう。許可さえしてくれていれば、泳げるようになっていたはずなのに」という、割り切れなさだけが後に残った。

6年生の7月、翌日の海で行われる水泳実習の注意を聞いていたときのこと、「あの山本先生に教えてもらったら、みんな泳げるようになるわ」という担任の先生の一言が私には強く心に残った。山本先生とは40代男性の体育の得意な先生であった。「そうか、先生ってそんな力があるのか。先生ってすごいんだ」という気持ちが生じた。私は小学生のとき、すでに将来の職業を小学校教師と決めていたが、今にして思えば担任の先生のこの一言が影響したのではないかと思う。ただ残念ながら山本先生に水泳を教えてもらう機会はなかった。

その後、私はずっとかなづちだった。高校生の頃、じっとしていても汗がタラタラとしたたり落ちるような真夏の日、プールの青く澄み切った水を見ても「飛び込んでみたいなあ」なんて気持ちは決して起きなかった。プールの水を見ると、自分が泳げないという劣等感が呼び起こされるのである。子供の頃あれほど魅力的だった青色はいつしか「ぞっ」とする色に変わってしまっていた。

その後私は教師になるため愛媛大学教育学部に進んだ。水泳のことは考えたくはなかったがそういう訳にはいかなかった。小学校教師になるためには水泳実習の単位が必修だからである。1回生で取得しなければならなかったのであるが、ずるずると4回生になってしまった。そしてとうとう大学から督促状が届いた。「水泳の単位をとらないと卒業することができません」と。単位取得の条件は3分の2以上の出席と最終日の実技試験で50mを泳ぐことであった。

水泳実習には全て出席をした。残すは50mの実技試験であった。この時、生まれて初めて50mを泳いだ。息継ぎができなかったため、頭を常に水面から出したままで平泳ぎもどきの泳法で泳いだ。ただし「泳いだ」という実感はなかった。苦しく、長い長い50mだったことだけが記憶に残っている。

以上が私のマイナス体験である。だから、先に述べたような「せめて自分の教え子ぐらいは泳げるようにしたい」という気持ちは「悔しさの反動」と言った方が適切だろう。

自分が泳げなかったという悔しさ、当時の母校が海での遊泳をいたずらに禁止し泳げない子を生み出すシステムであった（のではないか）という悔しさである。

2 「向山式跳び箱指導法」「鈴木勘三式背浮き指導法」との出会い

教師になった私が子供たちをどう指導したか、一言で言えば「根性水泳」だった。とにかく量をこなさなければ泳げるようにはならない、と考えていた。そのため、夏休みになるとすぐ、クラスの子を学校のプールに集めて泳がせたりもした。結果は、泳げる子はどんどん泳げるようになるが、泳げない子はそのままだった。

教師生活4年目に泳げない子の水泳教室を任された時も、この考えが根底にあった。

理屈ではない、練習量だ

と。でも、いくら練習量を増やしても泳げない子はいた。

こうして指導法に進歩のないまま、教師生活7年が過ぎていった。

ところで、この頃の私は、「教育書は絶対に買わない」という考えになっていた。読んでもわからない、役に立たない本ばかりのように思えたからである。指導法を知りたいのに「～を工夫する」で終わっている教育書が、いかに多かったことか。「その工夫の中身を知りたいのだ」と文句のひとつでも言いたいような気持ちだった。

教育書を買わない状態が数年間続き、1986年、教師生活8年目に愛媛県宇摩郡土居町立関川小学校に転勤した。

その年の5月、ふと立ち寄った本屋の教育書コーナーで、『授業の腕をあげる法則』という本が目に飛び込んできた。パラパラッとめくってみると跳び箱を跳ばせる方法が書かれている。「こんなやり方で本当に跳び箱を跳ばせるのか？」と思ったものの、おもしろそうだったので数年ぶりに教育書を買った。

翌日、半信半疑ではあったがさっそくクラスの子供たちにこの方法で指導してみた。大きなショックを受けた。全員を跳ばすことができたのである。しかも、絶対に無理だと考えていた肥満体の子までもが。

「練習量が足りないからできないのだ」という私の考えは、向山式跳び箱指導法によって僅か10分で覆されてしまった。

向山式跳び箱指導法が「腕を支点とした体重移動を体感させる」という原理に支えられたものであること知り

水泳指導にも原理・原則があるはずだ

と考えるようになった。私にとって水泳指導のターニングポイントだった。

それから2ヶ月もしない7月のある日、職員室のある先生の机の上に鈴木勘三氏の『だれでも泳げるようになる水泳指導』がポンと置かれてあった。聞くと関川小学校では前年に学校生協さんに薦められ、半数の先生がこの本を買ったとのことだった。

もしこの年、関川小学校に転勤していなかったら、この本と出会うのはもっと後だっただろう。当然、現在の指導法が見つかっていたかどうかもわからない。仮にこの本と出会っていても、向山式跳び箱指導法を追試していなかったら、「ふーん、おもしろそうな本だなあ」だけで終わっていたかもしれない。しかし、この時の私は、向山式跳び箱指導法のショックの直後だったので、ひょっとしたら原理・原則が隠されているのではないかという意識をもって、この本を読むことができた。今から思えば、神が与えてくれた縁だった。

結局、原理・原則はわからなかった。わかったことは平泳ぎやクロールからではなく、背浮きから始めればよいということだった。

とにかく追試を始めた。当時5年生全員55人を夏休みに集め隣のクラスの深川久子先生と一緒に1日2時間の指導を9日間続けた。背浮き・ちょうちょう背泳ぎ・背泳を3日間、平泳ぎを3日間、クロールを3日間である。

結果は全員が背泳ぎ、平泳ぎ、クロールの泳法で1000m前後の距離を泳げるようになった。この中には最初5mしか泳げなかった子もいた。その子は沈んでは浮いて、沈んでは浮いて泳ぎ続けていた。スピードはなかったがリズムはあった。

この追試で、私の泳力観が変わった。100mも泳げれば十分という考えが、指導方法を変えれば1000m前後は楽に泳げるようになるのだ、という考えにである。

そして、指導方法の底には、何らかの原理・原則が流れているはずだと、強く思うようになったのである。

3 ワンタッチヘルパーの考案

関川小学校の半数の先生が、鈴木勘三氏の『だれでも泳げるようになる水泳指導』を購入していたにもかかわらず、追試らしい追試をした人はいなかった。その理由はすぐにわかった。

ヘルパーがなかった

からである。

氏の背浮き指導法は、「ヘルパーを腹部につけて、一人で浮く」というものである。ヘルパーがなければ追試できない。仕方がないので、ヘルパーを使わなくてもよい方法を考えた。かかと支持による背浮きである。

これで、第1段階の「背浮き3分」をクリアすることができた。「背浮き3分」をクリアさえすれば、第2段階の「ちょうちょう背泳ぎ」は容易なことである。しかし、かかと支持でも背浮きのできない子がいた。

「腰が曲がる」ことが原因だった。この子たちの腰を支えてやらねばならない。授業の効率をはかるためには補助浮具のヘルパーがやはり必要だった。

ヘルパーを導入してからは、「かかと支持」と「ヘルパー」をミックスした背浮き指導が可能になり、指導の効率が飛躍的に上がった。

さて、追試をしていく過程で、

鈴木勘三式背浮き指導法が広まっていない

理由がわかってきた。

ひもで結ぶため、ヘルパーの装着・脱着がスムーズにできない

のである。使いにくいことこの上なかった。

そこで考案したのがワンタッチバックルを利用したワンタッチヘルパーだった。

ワンタッチヘルパーなら鈴木勘三式背浮き指導法の追試が容易である。

そこで、ワンタッチヘルパーを広めようとした。最初の年（1989年）は、私が通信販売した。でも私一人の販売力なんて高が知れている。

次にスーパーとびなわと同じように、「法則化」での販売を提案したが残念ながら実現しなかった。

結局、スポーツ用品メーカーに持ち込むことにした。メーカーが製造販売してくれるなら、

全国どこからでもワンタッチヘルパーを購入できる

ようになる。

A社、B社、C社の3社に持ち込んだところ、C社の峯岸信正氏から、「ぜひ作りましょう」という電話が即あった。このC社が鬼怒川商事である。実は当初私は鬼怒川商事の存在を知らなかった。メーカーに持ち込み提案するということをミヤケスポーツ店（新居浜市）の三宅社長さんに相談したところ、「水泳用品はほとんどが鬼怒川商事が製造しているのですよ。A社、B社も結局はここに製造を委託しているはずです」と教えてくれたのである。

こうして「トレーニングヘルパー用ベルト」という商品名でワンタッチベルトが販売されるようになった。三宅氏、峯岸信正氏のおかげで追試のネックであったヘルパーの問題が解消されたのである。

4 教育技術の法則化運動、向山洋一氏、根本正雄氏との出会い

さて鈴木勘三氏の『だれでも泳げるようになる水泳指導』と出会った1986年～88年の間のことである。

NHK番組「トライ＆トライ」でドル平泳法が紹介された。テレビを見ていた私はドル平泳法に感心しつつも、なぜ鈴木勘三式背浮き指導法が紹介されないのか、とても不思議だった。鈴木勘三式背浮き指導法の驚異的な効果を体験していたからである。

同じころ、「教育技術の法則化運動」を知った。きっと法則化運動であれば、この鈴木勘三式背浮き指導法を紹介しているだろう、そう期待しながら法則化シリーズ本を隅から隅まで読んでみた。だが、「鈴木勘三」「背浮き」「ちょうちょう背泳ぎ」という言葉は見つからなかった。鈴木勘三式背浮き指導法が広まっていなかったのである

誰も広めていないのなら、私が鈴木勘三式背浮き指導法を一人でも多くの

人に伝えたいと痛切に思った。それによって泳げない子を一人でもなくすことができるなら、と。

法則化運動に賛同している教師ならきっと追試してくれるだろう。伝えるためには当然、「法則化論文」として書かねばならない。しかし私は書くことが大きらいな教師だった。当時は学級通信すらも年に数枚という有様だったから、なかなかペンが進まない。それでも四苦八苦しながらどうにか2本の論文を書き上げ、1989年1月東京池袋で開かれた「法則化第3回30代合宿」というセミナーに参加した。初めての応募論文、初めての身銭を切ったセミナーだった。私にとっては教師生活の転機になったセミナーだった。

セミナー後、次のような手紙を主宰者である向山洋一氏に送った。

> 向山先生、30代合宿ありがとうございました。初めての合宿は私にとって一種のカルチャーショックでした。自分とは違う発想を持った人間がいる。自分の力など遠く及ばない実力を持った若い先生が多くいる。ところで私は10年前に教師になった時、ひとつの夢を持っていました。泳げない子をなくすという夢です。
>
> (中略)
>
> 今回の合宿に私は次の2本の論文を持っていきました。「泳法指導は背浮きから始める〜鈴木勘三氏の追試〜」、「ワンタッチでつけられるヘルパーの作り方」です。向山先生の論文審査を受けたいという気持ちと同時に鈴木勘三氏の背浮き指導のこと、私の考案したヘルパーのことを他の先生方に知ってもらいたいという気持ちがありました。
>
> (後略)　1989年1月

このセミナーで根本正雄氏は鈴木勘三式背浮き指導法に強い関心を示してくれた。また、このセミナーに参加していた兵庫の久野勝久氏も鈴木勘三氏の追試をしていることを知り、力強い味方を得た気持ちになった。たった2本の論文だったが、これをきっかけにその後の私の人生を方向付ける根本氏との出会いがあり、氏の強力なバックアップのお陰で鈴木勘三式背浮き指導法がしだいに広まっていったのである。

多くの人に価値あるものを伝えること、これは法則化運動と明治図書が誰に対しても門戸を開いてくれていたからできたことだった。

5 本を書きなさい

私には3冊の著書と1本のビデオ・DVDがある。

「実践があり理論があるから本を書く」、これが普通であろう。しかし私の場合は逆だった。私の水泳理論は以下の2冊の本を書くことによって生まれてきたのである。

○『イラストでわかる体育指導のコツ（水泳指導のコツ）』91年
○『体育授業づくり全発問・全指示シリーズ（水泳）』93年

その頃、私自身の水泳理論などなく、鈴木勘三氏の『だれでも泳げるようになる水泳指導』の追試のみを行っていた。そうした1989年8月のことである。根本先生から突然の電話があった。「イラストでわかる体育指導の本の出版を計画しているのだが、鈴木先生、水泳の本を書いてみないか」と。依頼をうれしく思う反面、本を書くなんてとんでもないことだと思った。私には1冊の本にするほどの実践も理論もなかったからである。迷ったあげくチャレンジしてみようと心を決めた。

実践がほとんどないのだから資料を集めなければと、高松市にある宮脇書店カルチャーセンターへ水泳指導に関する本を探しに行った。ここは1ヶ月以内に日本で発刊された本ならすべて置いてあるという四国最大の本の展示場であった。予算は2万円～3万円。当時の私としては大金であった。法則化運動で活躍していたＹ氏から「雑誌論文を書くときには最低2万円から3万円のお金をつかって資料となる本を買う」ということを聞いたことがあったからである。

宮脇書店カルチャーセンターでは、多様な視点の原理・原則が書かれている水泳指導の本を探した。残念なことに多くの水泳指導の本には、方法は書かれていても、なぜその方法をとるのかという原理・原則が書かれていなかった。

そうした中で次の本を見つけることができた。

◇『東独の子ども水泳教室』(ベースボール・マガジン社)
◇『かなづちの水泳指導』(泰流社)
◇『赤ちゃん水泳』(ベースボール・マガジン社)

これらの本から鈴木勘三氏の背浮き指導を理論的に説明できるもの、系統的な練習方法を作るためのヒントを見つけようとした。

『東独の子ども水泳教室』からは「潜ること、飛び込むこと、息を吐くこと」の大切さがわかった。

『かなづちの水泳指導』と『赤ちゃん水泳』からは水中での「呼吸」について得るものがあった。

このようにして、鈴木勘三氏の『だれでも泳げるようになる水泳指導』をベースに『イラストでわかる体育指導のコツ（水泳指導のコツ)』を上梓することができたのである。

この本を書くことによって、酸素摂取能力を高めるという理論の縦糸がおぼろげながら見えてきた。

だがこの本、読者からすれば背浮き指導の概要はわかるが、どう授業を進めていけばよいのか細部がわからなかった。

そこで、その年の夏、自分が書いた本をもとにして実践をし、細部を記録していった。すると今まで見えていなかったことが見えてきた。例えば、ちょうちょう背泳ぎの際、呼吸と手のかきの協応動作があるということ。また、平泳ぎの手のかきとキックの絶妙なタイミングは「(ヘルパーをつけ）キックを無理にさせないで手のかきだけで進ませる」と自然に生まれてくることを発見することもできた。

こうして、1冊目の本を追試する中で2冊目の本『体育授業づくり全発問・全指示シリーズ（水泳)』の構想が生まれた。

「理論をはっきりと見えるものにすること」、「どう授業を組み立てればよいか」ということを中心に追試できる本に仕上がった。これも出版というチャンスを根本先生が与えてくださったからである。

追試可能な内容となったことで多くの教師が追試をしてくれた。中でも福島県の大堀真氏は忠実に追試し、「何百ｍもの泳力を子供たちにつけることができた」とその喜びを語ってくれた。

6 荒木昭好氏との出会い

1993年10月、根本正雄先生の引き合わせにより荒木昭好氏に出会うことができ、氏の「着衣泳」を受講することができた。荒木氏はサバイバルスイミングの研究と実践において第一人者であり、着衣泳の提唱者である。現在、全国の多くの学校で「着衣泳」や着衣による水泳授業が行われているのは荒木氏の御尽力によるものである。

以下は受講後、荒木氏への書簡である。

> 荒木先生、先日はありがとうございました。荒木先生の講座を受講でき、本当によかったです。さて、荒木先生のお話を伺い、自分の頭が無意識のうちに競技水泳に染められていたことに初めて気が付きました。
>
> 「前畑、ガンバレー」に始まり、田口信教、鈴木大地、岩崎恭子と、きっと私をはじめ日本人の頭にはオリンピックの熱狂が染み付いているのですね。水泳の目指すところはそこ（金メダル）だと。（金メダリストの血のにじむような努力を否定しているのではありません）
>
> 競技水泳を否定するのではなく、一つの価値観だけでなく多様な価値観で水泳を見直さなければいけないと思うようになりました。多くの教師が持っている競技泳法に根ざした「正規の泳ぎ」・「正しい泳ぎ」という発想を捨てなければ、と思います。（このような発想の人にとっては、ちょうちょう背泳ぎは「なんだ、あんな泳ぎ」でしょう…）受講しなが

ら、私は二つのことを思い出しました。

そのうちの一つは今年、瀬戸内海の離島から赴任してきた先生の話です。以下、その先生の話です。

「その島の小学校では“シーサイド留学”という制度があり、都会の学校で不登校になった子などを受け入れている。各島から子供たちが集まって実施されるその町の水泳記録会で上位入賞をするのは都会から来た子らである。スイミングスクールに通っていたからである。ところが海で泳ぐとなると、この子らは深いところではだめである。こわいと言う。これに対し、島の子は深いところも平気である。決定的な違いは波間に漂うことができるという点である」

もう一つは私の子供の時の体験です。私は子供の時、親類の家に行った際、その近くの川で遊んでいて深みで溺れかかったことがあります。その深みで親類の子が頭を出して立っていたように見えたため、浅いところと思いこんでしまったからです。実はその子は立ち泳ぎをしていたのです。「なぜ頭をぽっかりと出したままでいられるのだろう？」

当時の私にとって「立ち泳ぎ」は不思議な魔法のような泳ぎでした。

荒木先生のお話と、この2つのことを重ね合わせて次のように思いました。

○プールで泳げたからといって溺れない技能を身に付けているとは言えない。

○プールで泳げることは最低限必要であるが、溺れないためにはそれプラス特別な技能の習得が必要である。

○立ち泳ぎなどは溺れないための技能の一つである。

いずれにしても「サバイバルスイミング」をぜひとも水泳の授業に取り入れなければと思いました。何を、どう指導するかはまだ具体的に考えていませんが、とにかく水泳シーズンの最初と最後に着衣泳を実践しようと思っています。
　荒木先生のおっしゃるように泳げる・泳げないに関係なく「慣れる」ために、です。

現在、多くの学校のプールで行われている水泳指導は最終的に泳げるようにすることを目標にしている。その「泳げる」という意味は、「溺れた時に身を守る」というより「競技水泳ができる」というものである。こういう私も競技水泳の範囲でしか水泳の授業を捉えられていなかった。荒木氏により水泳の授業観が大きく揺さぶられたのである。

7 指導ビデオを制作しなさい

2000年6月、根本正雄先生から突然の電話があった。「今度、体育ビデオシリーズを発刊するのだけど、鈴木先生、“水泳”をやってもらえない？」。こうして明治図書発行『法則化体育ビデオシリーズ“水泳”』を制作することになった。

私はこれを機会に自分の実践をもう一度見つめ直そうと思った。だが、ビデオ制作に当たっての問題は2つあった。一つは授業をしながらビデオ撮影も行わなければいけないということ。もう一つは編集作業、文字だけの論文とは違い映像機器を使いこなす必要があるということ。

そこで、私は迷うことなく自作ではなく、プロに依頼することにした。こう考えたのも、この数年前に水泳解説ビデオを自作した経験があり、映像で伝えることの難しさを痛感していたからであった。

当時勤務していた松山市立荏原小学校のすぐ近くに「東洋ビデオ愛媛」というビデオ制作会社があった。社長の直木邦男さんは当時荏原小にいた北岡杉雄先生の逆上がり指導に感動し、その指導法をビデオ制作した方でもあった。当時50代半ばだった北岡先生は若い頃から逆上がり指導を研究・実践しており、この荏原小でも5年生3クラスの子供たち全員、一人残らず逆上がりをできるようにした方であった。その中に直木さんのお嬢さんがいたという縁があったのである。

この時私も撮影をお手伝いしていた。そうした中で、飯田式逆上がり指導法が発表されるよりずっと以前に、同様の指導法を北岡先生が発見していたことに驚きを隠せなかった。

私は直木さんを訪ね水泳指導のシナリオや自作ビデオも見てもらいながら、ビデオ制作について相談した。翌日、直木さんが見積書を持って来校された。「鈴木先生、このシナリオですが、この順はこう変えた方がいいのではないでしょうか」「ここはこの映像から入った方がいいのではないですか」「水中カメラを入れた方がいいのではないですか」「このシナリオだと8分ですね、長くしても12分ほどでしょうか」などのアドバイスをいただいた。

はっきり言って参った。まるで私の指導法を熟知しているかの如くなのである。この人に相談して本当によかったと思った。

問題は締め切りである。とうてい6月20日なんて間に合わない。水泳シーズン真っ最中である。根本先生と明治図書の樋口編集長にメールで相談した。樋口編集長は締め切り日よりも費用のことを非常に心配してくれた。「原稿料で収まるのですか」と。私としては原稿料で足りるなどとは考えていなかった。これを機会に「泳げない子をなくす」という夢に一歩でも近づきたかった。そのためならベストの方法でしたいと思った。費用はいくらかかってもかまわないと思っていた。

4年生81名に10コマ（45分×10回）の授業をした。

水中での呼吸を楽にすること、同じリズムで呼吸できるようにすることを目標とした。泳法・距離はちょうちょう背泳ぎ25m～300m、平泳ぎ25m～300m（ヘルパーをつけ下半身は脱力）を目指した。76名が達成、男子2名、女子3名が達成できなかった。

ビデオ撮影は授業の進度に合わせて4回行った。その中には水中撮影もあった。（今でこそ水中のビデオ撮影は防水機能のあるデジカメでも可能にな

ったが、当時は高価な専用機材を必要とした)

このように6月初旬に開始した授業は7月中旬に終えた。

シナリオを書いた私には私なりのイメージがある。撮影と編集はそのイメージをつかんでいないとできない。

直木さんのすごさを感じたのは、イメージをつかむ力においてである。

直木さんは私の2冊の水泳指導の本を読み、その上で私が書いたシナリオを直木さんなりに書き直してくれた。

最初の私のシナリオと比べ、「なるほどこう言えばよく伝わるのか」「なるほど順番をこう変えると効果的だ」と感じることが多々あった。

さらに粗編集（原稿で言えばゲラ刷り）の段階で、私と直木さんで何度も映像とイメージが合っているかチェックした。

当然、映像の差し替えも行った。「この映像の連続だるま浮きのリズムは少し早すぎる」などと言って。

完成後、直木さんに編集の苦労を尋ねた。するとこういう返事だった。

「一人のモデルがいて、その子だけを撮影し編集するなら大変ではない。でもこれは授業の進度に合わせてランダムに撮影した中から最適な映像を選んで編集する。それが大変だった」

なお、このビデオの冒頭には障がいのあるS君の映像がある。「障がいがあっても泳ぐことができるのだ」ということを伝えたかったのである。

ビデオ制作に当たっての苦労はほとんどなかった。「東洋ビデオ愛媛」が撮影をするので私は授業に専念できた。当然指導しながら撮影もするという二刀流の苦労はなかった。また、一番高度な技量を要する並べ替えやテロップ、ナレーションもプロの技術を駆使して進めるのだから苦労などあるはずがない。

しいて“苦労”を挙げれば、私が持っているイメージをいかに直木さんに伝えるかであった。

こうして2000年7月28日、『法則化体育ビデオシリーズ“水泳”』が完成した。

指導ビデオ制作の意義は2つある。

○映像のプロの目を通すことで、どの部分をクローズアップすればよいか、はっきりしたこと。
○文字だけでは伝えにくい指導のポイント、特にリズムを伝えることができるようになったこと。

この指導ビデオは大変好評で11版を重ねた。現在もDVD版として販売されている。

8 テレビ番組「伊東家の食卓」で泳げない子をなくす

私は、「泳げない子を泳げるようにしたい」とずっと思ってきたが、一人の力なんて高が知れている。そこで、テレビの持つ情報発信力を借りて、日本の泳げない子を一人でもなくしたいと考えていた。テレビで放映されれば、日本全国に流れる。何百人、いや数千人以上の泳げない子供たちが泳げるかもしれない。また教師の水泳に対する考え方を180度転換する力になるかもしれないのである。

「伊東家の食卓」はインターネット上でウラ技を募集していた。応募には条件があった。「誰でも簡単に追試できる、しかも効果がすぐ見えるもの」であった。投稿は文字だけ。またウラ技は一つだけ。指導のステップを踏んでいくようなもの、時間のかかるようなものはダメである。

当時私は鈴木勘三氏の開発した背浮き・ちょうちょう背泳ぎを主体とした指導を実践していた。背泳ぎを目指すのであれば背浮き・ちょうちょう背泳ぎの紹介でもよかった。しかし、子供が誰の助けも借りずにチャレンジするには難しい。

そこで背浮き・ちょうちょう背泳ぎの紹介はあきらめ、「バタ足をしなければ30分後には数倍は泳げる」という内容で応募した。息継ぎのリズム習得にはバタ足が弊害となっていることに気付いていたからである。

ロケも番組も成功であった。「テレビの持つ情報発信力を借りて、日本の泳げない子を一人でもなくしたい」というねらいは少しは達成できたと思う。しかしながら「日本全国の学校における水泳授業に影響を与える」という点ではまだまだであった。

9 泳げない子の水泳教室

「伊東家の食卓」の放映以降、泳げない子の水泳教室の指導に声が掛かることが多くなった。

実は私は教師生活36年中18年が学級担任ではない。学級担任が体育授業を行う小学校において、学級担任ではないということは水泳指導を行う機会がないということを意味する。私にとっては泳げない子の水泳教室に招かれることは貴重な指導機会になった。

ある時から、講師を引き受ける際には2つの注文をつけるようにした。1つ目はその学校に先生たちに理論講習をする時間をとってもらうこと、2つ目は実際の指導はその学校の先生主導で行うことである。私は全体を見回しながらアドバイスに専念するようにした。

泳げない子を泳げるようにするだけでなく、理論の理解、指導技術の伝達を意図したのである。

10 東日本大震災以後

2011年（平成23年）3月11日の衝撃は忘れることができない。津波が襲ってくるテレビ映像が当時の勤務校道後小学校の職員室に映し出された。言葉を失った。そこにいる人たち、そして子供たちは……。

大震災の被害が報道されるにつれ絶望的とは思いつつも、小学校の水泳授業の中で命を守る水泳指導がなされていれば、命を落とさずに済んだ大人や子供が数人でもいたのでは……、と思った。
泳げるだけでなく命を守ることに大きな効果が期待できる浮沈力、それを核とした水泳指導を世に知らせようと思いながら、だらだらと時間を無駄に費やしていたことが悔やまれた。「人生何が起きるかわからない、今できる時に書き上げよう」とも思った。そして、東日本大震災が起きた夏に今までの実践をまとめ明治図書に持ち込んだ。2012年（平成24年）夏、樋口雅子編集長のお陰で『溺れる子をなくす水泳指導の法則』を上梓することができた。
次にこの指導法を知ってもらおうと思い、教員養成系大学や、水泳を研究している大学をネットで調べ、謹呈していった。松山市内の小学校へも宣伝をしていった。マスコミ、新聞社へも宣伝活動をしていった。
しかし、本を配布するだけでは何かが足りない、それだけでは私の夢（全国の小学校から泳げない子をなくす、溺れる子をなくす）を叶えることはできない、と感じるようになった。まずは自分が足を運び、汗を流さないとだめだ、一歩を踏み出さないとだめだと強く思うようになった。

こうした折、2013年（平成25年）元日、年賀状に混じって荒木昭好先生の奥様からの寒中見舞いが届いた。年末に逝去されたのであった。ショックであった。荒木先生は日本の水泳の授業にサバイバルスイミングの必要性を訴えられ着衣泳を提唱された方である。私は荒木先生が主催される水泳指導法研究会に2回参加したことがあり、内一度は「あなたの水泳実践を発表しなさい」とわざわざ招いてくださったのである。荒木先生と直接お会いしたのは2回であったが、先生の人間としての魅力を感じるには十分であった。先生にも先ほどの拙著をお届けしたのだが亡くなられる直前だった。読んでいただけたのだろうか……。
2月東京へ出張する機会があり新宿にある荒木先生のご自宅を訪れ仏前に焼香した。奥様から生前の荒木先生の思い出を数々聞かせていただいた。荒木先生の思いを継いで日本の水泳のために微力ながら尽力したいとあらためて思った。

翌日、筑波大学水泳研究室・椿本昇三教授を訪ねた。筑波大学が日本の水泳指導をリードしていること、椿本先生が荒木先生主催の水泳指導法研究会に参加していたことから面会を申し出ていたのである。椿本先生からは水泳指導に関する多くのお話を伺うことができた。この時、福島南会津で行われる水泳教室の指導に誘っていただけることになった。

こうして2013年7月24日～26日に福島県南会津郡下郷町旭田小学校で椿本先生、筑波大学院生・酒井紳さんと一緒に水泳教室を指導することになった。私にとっては椿本先生の着衣泳指導を直接拝見するまたとない機会であった。

また、これとは別にかねてより東日本大震災復興支援の一つとして東北に水泳指導に行きたいと考えていた。旭田小の後、7月29日～31日福島市立御山小学校を訪れ水泳教室を指導することができた。二瓶篤子校長と面識があったことから実現したのである。

翌2014年、再び椿本先生、酒井さんと一緒に福島県南会津を訪れた。この時は修学旅行の高校生が多数犠牲になった韓国旅客船セウォル号沈没事件の後だったため、椿本先生がライフジャケットを用いた指導を行った。「セウォル号事件ではライフジャケットを着用していたにもかかわらず犠牲になった高校生がいた。実際に使ってみた経験がないと命を守れない」という話だった。この年の参加児童は27名、内1・2年生が17名と過半数を占めていた。低学年の子供たちがライフジャケットにどのような反応を示すか興味深かった。

1・2年生17名の中に小学1年生の阿部君がいた。阿部君は、最初背浮きを怖がっていた。が、耳をすっぽり沈めれば浮くことを体感した後は終了の合図にも耳を傾けないほどプカプカ浮くことに夢中になっていた。心に火がついたのである。

私はその姿を見て「これだ！」と閃いた。水泳の入門期である低学年の「水遊び」にこそ、水にプカプカ浮く体験を十分にさせるべきだ、と。

「水は楽しい」という心情を育む（刷り込む）ことができる。

この心情こそが水泳指導に最も大切なものである。

「命を守る6年間の水泳プログラム」（第3章）には阿部君の姿が投影されているのである。

11 足元を見つめ直す

2013年現在、教師生活も残すところ3年余り。泳げない子をなくしたいという思いはある。全国にこの指導法を伝えたいと思っている。しかし、その前に勤務校の子供達は一体どうなっているのか。泳力はどの程度なのか。25mすら泳げない子はいないのか。私はその数字すらつかんでいないではないか。

勤務校にも前述の拙著を寄贈した。果たしてそれだけで勤務校の先生たちは追試したのか。いやしていない。唯一追試しようとした学年が一つだけあったが、成果は上がっていなかった。私に質問に来ることもなかった。勤務校の先生たちを責めているのではない。誰しもそういうものなのである。本を寄贈しただけで指導法が伝わるなんて考え方そのものが甘いのだ。

そこで2013年度は足元を見つめ直し、勤務校の子供たちの泳力を上げようと考えた。そして勤務校の先生たちに指導の実際とその効果を見せようと考えた。「3日目に数百mを泳げるようになります」といくら言っても、相手にはイメージがわかない。いとも簡単に数百mを泳げるようになる姿を目の当たりにすれば、必ずわかってもらえるはずである。

また、私自身としても、この指導法をさらに検証してみたいという気持ちと（福島県南会津、福島市の2校での水泳教室に出発するまでに）授業勘を取り戻しておきたいという気持ちがあった。

新年度が始まった2013年4月、校長に願い出た。夏休みに福島県へ水泳指導に行かせてほしいということ、本校4年～6年生の水泳指導に入らせてほしいということである。2点とも校長の快い了解を得ることができた。

次に4年～6年生の学級担任に「シーズンになったら水泳指導をやらせて

ほしい」と申し出た。これも快く了解してもらった。そうして4年生の全授業と5・6年生の前半3回の授業に入ることになった。(この学校の水泳は1回90分で実施)

さて授業の記録であるが、今まで映像の記録をほとんど残していなかった。ビデオカメラを回すとしても指導しながらは無理である。そこで大学生に協力をお願いすることにした。同時に、授業を見た大学生が将来教師になり、泳げない子をなくすことに取り組んでくれることを願ってのことであった。

5月ゴールデンウィーク後、本校から徒歩10分ほどのところにある愛媛大学教育学部准教授・日野克博先生に学生の派遣をお願いに伺った。

◇お願いしたいこと……ビデオ撮影および観察・監視。
◇学生にとってのメリット
・指導法や授業をマネジメントする手法を学ぶことができる。
・泳げない子が泳げるようになる成長過程を観察することができる。

こうして日野先生の快諾があり、大学院生の幸田達人さん、森本淳さん、結城翔一さんの3名が派遣されることになった。このことが第1章第4節「万能型プログラムの授業」及び第4章「大学での私の講義」へと繋がる。

⑫日本水泳・水中運動学会での発表

根本先生のお陰で荒木先生と出会うことができ、荒木先生との出会いが椿本先生との出会いに繋がり、椿本先生との出会いが2014年日本水泳・水中運動学会での発表と繋がった。

椿本先生から学会の存在を教えてもらい、発表してはどうかと勧めていただいたのである。テーマは「浮沈力をつけると飛躍的に泳げるようになる」であったが、発表原稿提出までには筑波大学院生・酒井紳さんに大変お世話になった。

11月名古屋の愛知学院大学で開かれた学会は鈴木大地氏の挨拶から始まった。参加者はほとんどが大学関係者ばかりであった。学会の研究発表を聴きながら、あまりにも小学校の研究発表との違いに驚かされた。最も違う点はエビデンス（科学的根拠）の重視と細部にこだわっていることであった。どの発表もデータを細かくとっていた。次に驚かされたのはそのレベルの高さである。100分の1秒を縮めるための研究がなされていると思った。日本の競泳が世界レベルにあるのはこうした研究が蓄積されているお陰ではないかと思った。

同時に次のようにも思った。これほどのエネルギーが泳げない子をなくすことに向けられたならば、たちどころに解明できるのではないかと。

「初心者水泳指導法の研究」がぽっかりと抜け落ちているような、そんな気持ちにもなった。（だからこそ現場の小学校教師が頑張らねばならないのだが……）

私にとって学会発表の意義は、浮沈力という概念と効果を伝えることができたことにあった。（泳げない子をなくすことに少しでも繋がればと思う）

さらに原英喜氏によってG男が泳げなかった原因解明に繋がり、鼻からの呼息の重要さに気付かされたことにあった。

⑬最終章へ　～あとがきにかえて～

2015年（平成27年）4月、私は松山市から四国中央市に転勤し母校四国中央市立北小学校に勤務することになった。母校の屋上には海からの柔らかい風が流れ瀬戸内の穏やかな海や島影を見渡すことができる。おそらく定年退職までの2年間をこの母校で過ごすことになるであろう。

小学校1年生から5年生まで海で泳ぐことを禁止した母校。若かりし頃はそのことを恨んでいたりもした。しかし、今はそのような気持ちは消え、むしろ感謝したいと思っている。

もしも私が小学生のときに泳げるようになっていたなら、どのような水泳指導をする教師になっていただろう。おそらく、泳げない子を見て「何で泳げないの？」と叱咤するような教師になっていたのではなかろうか。当然「水泳指導の万能型プログラム」も生まれていなかったであろう。

また、鈴木勘三先生、向山洋一先生、根本正雄先生、荒木昭好先生、椿本昇三先生をはじめとする多くの尊敬する方々と出会うこともなかったであろう。

出会いとは不思議なものである。こうした出会いがなければ『子供の命を守る泳力を保証する 先生と親の万能型水泳指導プログラム』は生まれてこなかった。(学芸みらい社・青木誠一郎氏との出会いも不思議な縁からだった)

今にして思えば私のこうした出会いは不思議な力で導かれていた、そんな気がするのである。

この本は私の水泳指導の総決算である。

この本を通じて、「日本の小学校から泳げない子をなくし、水難事故で溺れる子をなくしたい」と思う。

この本を通じて、学校水泳の方向が「命を守ることにシフトする」こと、学校水泳が「できないことをできるようにする」授業になることを切に願う。

この原稿を書いている翌月からは母校のプールでも水泳指導が始まる。これが私にとっての水泳指導の「最終章」となるであろう。

「泳げない子を一人もつくらない。全員泳げるようにしてみせる」とあらためて思う。

出版にあたっては学芸みらい社の青木誠一郎氏には構成等貴重なアドバイスをいただきました。この場を借りて心より御礼申し上げます。本当にありがとうございました。

2015年（平成27年）5月10日

〈著者紹介〉

鈴木智光（すずき　ともみつ）

1957年　愛媛県生まれ

1979年3月　愛媛大学教育学部卒業

1979年4月～　愛媛県公立小学校に勤務

2015年4月より四国中央市立北小学校に着任

◇著書・著作

『イラストでわかる体育指導のコツ3　水泳指導のコツ』（明治図書）1991年

『体育授業づくり全発問・全指示⑪水泳』（明治図書）1993年

『“楽しい体育”ビデオシリーズ 「水泳」の教え方』（明治図書）2000年

『わかる出来る“楽しい体育”DVD授業シリーズ「水泳」の教え方』（明治図書）2010年

『溺れる子をなくす水泳指導の法則」（明治図書）2012年

〈メール〉　tomomitsu.suzuki9@gmail.com

子供の命を守る泳力を保証する
先生と親の万能型水泳指導プログラム

2015年8月1日　初版発行

著　者　鈴木智光
発行者　青木誠一郎
発行所　株式会社 学芸みらい社
〒162-0833 東京都新宿区箪笥町31番 箪笥町SKビル3F
電話番号 03-5227-1266
http://www.gakugeimirai.com/
E-mail : info@gakugeimirai.com
印刷所・製本所　藤原印刷株式会社
装丁・DTP組版　星島正明

落丁・乱丁本は弊社宛てにお送りください。送料弊社負担でお取り替えいたします。

ISBN978-4-905374-81-7 C3037

授業の新法則化シリーズ（全リスト）

書　　名	ISBN コード	本体価格	税込価格
「国語」　～基礎基本編～	978-4-905374-47-3 C3037	1,600 円	1,728 円
「国語」　～1 年生編～	978-4-905374-48-0 C3037	1,600 円	1,728 円
「国語」　～2 年生編～	978-4-905374-49-7 C3037	1,600 円	1,728 円
「国語」　～3 年生編～	978-4-905374-50-3 C3037	1,600 円	1,728 円
「国語」　～4 年生編～	978-4-905374-51-0 C3037	1,600 円	1,728 円
「国語」　～5 年生編～	978-4-905374-52-7 C3037	1,600 円	1,728 円
「国語」　～6 年生編～	978-4-905374-53-4 C3037	1,600 円	1,728 円
「算数」　～1 年生編～	978-4-905374-54-1 C3037	1,600 円	1,728 円
「算数」　～2 年生編～	978-4-905374-55-8 C3037	1,600 円	1,728 円
「算数」　～３年生編～	978-4-905374-56-5 C3037	1,600 円	1,728 円
「算数」　～４年生編～	978-4-905374-57-2 C3037	1,600 円	1,728 円
「算数」　～５年生編～	978-4-905374-58-9 C3037	1,600 円	1,728 円
「算数」　～６年生編～	978-4-905374-59-6 C3037	1,600 円	1,728 円
「理科」　～3・4年生編～	978-4-905374-64-0 C3037	2,200 円	2,376 円
「理科」　～5年生編～	978-4-905374-65-7 C3037	2,200 円	2,376 円
「理科」　～6年生編～	978-4-905374-66-4 C3037	2,200 円	2,376 円
「社会」　～3・4年生編～	978-4-905374-68-8 C3037	1,600 円	1,728 円
「社会」　～5年生編～	978-4-905374-69-5 C3037	1,600 円	1,728 円
「社会」　～6年生編～	978-4-905374-70-1 C3037	1,600 円	1,728 円
「図画美術」　～基礎基本編～	978-4-905374-60-2 C3037	2,200 円	2,376 円
「図画美術」　～題材編～	978-4-905374-61-9 C3037	2,200 円	2,376 円
「体育」　～基礎基本編～	978-4-905374-71-8 C3037	1,600 円	1,728 円
「体育」　～低学年編～	978-4-905374-72-5 C3037	1,600 円	1,728 円
「体育」　～中学年編～	978-4-905374-73-2 C3037	1,600 円	1,728 円
「体育」　～高学年編～	978-4-905374-74-9 C3037	1,600 円	1,728 円
「音楽」	978-4-905374-67-1 C3037	1,600 円	1,728 円
「道徳」	978-4-905374-62-6 C3037	1,600 円	1,728 円
「外国語活動」（英語）	978-4-905374-63-3 C3037	2,500 円	2,700 円

学芸を未来に伝える
学芸みらい社
GAKUGEI MIRAISHA

株式会社 学芸みらい社（担当：横山）
〒162-0833 東京都新宿区箪笥町43番 新神楽坂ビル
TEL 03-5227-1266　FAX 03-5227-1267
http://www.gakugeimirai.com/
e-mail info@gakugeimirai.com